网络与新媒体专业系列丛书

新媒体内容创作

薛龙 编著

清华大学出版社

北京

内 容 简 介

随着移动互联网的快速发展,各类新媒体平台不断涌现。由于新媒体具有互动性强、信息传播速度快等特点,企业可以通过新媒体平台以更低的推广成本触达更多的目标用户,新媒体平台成为企业首选的营销平台。

本书共 7 章。第 1 章重点介绍了新媒体和新媒体创作的概念和特征,引导读者全面认识新媒体行业;第 2 章介绍了新媒体内容创作步骤,让读者不仅能看到最新的新媒体模式,也能看到该模式发展背后的脉络;第 3 章介绍了社会化媒体平台内容创作的技巧;第 4 章介绍了新闻消息创作;第 5 章介绍了新媒体微文学创作;第 6 章介绍了新媒体广告内容创作,便于读者选择适合自己的新媒体运营方式,创作出流行的作品;第 7 章介绍了新媒体图文、图片和视频编辑的方法,引导读者根据需求,有针对性地提升自己的新媒体创作能力。

本书体系完整,讲解透彻,既可以作为高等院校相关专业新媒体课程的教材,也可以供广大新媒体行业研究人员和从业人员学习和参考。

图书在版编目 (CIP) 数据

新媒体内容创作 / 薛龙编著 . 一北京:清华大学出版社,2024.5(2025.2重印)
(网络与新媒体专业系列丛书)
ISBN 978-7-302-65316-5

Ⅰ.①新… Ⅱ.①薛… Ⅲ.①传播媒介—运营管理 Ⅳ.① G206.2

中国国家版本馆 CIP 数据核字 (2024) 第 038796 号

责任编辑:黄 芝 薛 阳
封面设计:刘 键
版式设计:方加青
责任校对:王勤勤
责任印制:丛怀宇

出版发行:清华大学出版社
　　　　　网　　　址:https://www.tup.com.cn,https://www.wqxuetang.com
　　　　　地　　　址:北京清华大学学研大厦 A 座　　　　邮　　编:100084
　　　　　社 总 机:010-83470000　　　　邮　　购:010-62786544
　　　　　投稿与读者服务:010-62776969,c-service@tup.tsinghua.edu.cn
　　　　　质 量 反 馈:010-62772015,zhiliang@tup.tsinghua.edu.cn
印 装 者:三河市人民印务有限公司
经　　销:全国新华书店
开　　本:185mm×260mm　　　印　　张:10.75　　　字　　数:241 千字
版　　次:2024 年 6 月第 1 版　　　印　　次:2025 年 2 月第 2 次印刷
印　　数:1501 ～ 2700
定　　价:49.80 元

产品编号:101010-01

前言

随着智能手机的普及，大部分消费者的注意力更多地转移到与手机相关的应用上，通过各种新媒体如微信、微博等社交应用与朋友进行沟通，并获得更多的资讯。企业的广告营销也随之从传统的电视、广播、杂志、报纸等平台更多地转移到新媒体阵地上，文案在企业新媒体营销中的重要性日益突出，新媒体文案人才的需求也随之旺盛，为此特编写了本书。本书主要建立在主流营销广告与传播学科的理论基础上，并结合国内外最新的相关研究成果及新媒体文案与运营的长期实践经验。因新媒体变化快速，日新月异，本书的内容需要结合实际情况参考。

本书共 7 章，包括以下内容。

第 1 章新媒体与新媒体创作概述，介绍新媒体形态，新媒体创作及其特征，新媒体记者的岗位职责与任职要求、职业要求、思维方式等内容。

第 2 章新媒体内容创作方法，介绍新媒体内容创作的基本步骤、标题的写法、开头的写法、正文的写法、结尾的写法等内容。

第 3 章社会化媒体平台内容创作，介绍社会化媒体平台内容的特点及创作要领。

第 4 章新闻消息创作，介绍新媒体新闻的特点、撰写方法以及相关案例分析。

第 5 章新媒体微文学创作，介绍新媒体微文学的概念、特征及创作要领。

第 6 章新媒体广告内容创作，介绍新媒体广告内容的分类、新媒体销售内容创作、新媒体传播内容创作。

第 7 章新媒体图文、图片和视频编辑，介绍新媒体图文排版规范、新媒体图片编辑、新媒体视频编辑。

本书从对新媒体文案及岗位要求的了解和认知入手，到文案撰写的基本功，希望能够一步步引导读者成为一名合格的新媒体文案人员。本书设置了大量的营销实战训练，让读者能够在讨论中启发思考，在拓展阅读中开阔视野，在营销实战训练中获得实践经验，从而真正让知识转化为自我的技能。本书作为新媒体文案的入门级教材，让读者拥有基本的技能,帮读者打开新媒体文案的写作大门。希望学习者持续努力,不断探索、学习,掌握更新、更好的文案写作技能。

本书由唐山广播电视台的薛龙编写。由于编者水平有限,加上时间仓促,书中难免有不足之处,欢迎同行和读者批评指正。

编者

2024 年 1 月

目录

第 1 章　新媒体与新媒体创作概述

观看视频

　　媒体的英文单词是 Medium（单数）或 Media（复数），《现代汉语词典》（第 7 版）中对媒体的定义是：交流、传播信息的工具，如报刊、广播、电视、互联网等。《现代英汉词典》中对媒介的定义是：数据记录的载体，包括磁带、光盘、软盘等。在维基百科上，关于媒体或媒介的解释是：让双方发生关系的联系人或事物。此外，媒体或媒介还可以指介质，物理学上，是指容许另一种物质存在于本身的物质。

　　新媒体是相对于传统媒体而言的，是报刊、广播、电视等传统媒体之后发展起来的新的媒体形态，是利用数字技术、网络技术、移动技术，通过互联网、无线通信网、卫星等渠道以及计算机、手机、数字电视机等终端，向用户提供信息和娱乐服务的传播形态和媒体形态。严格来说，新媒体应该称为数字化媒体。清华大学的熊澄宇教授认为："新媒体是一个不断变化的概念。在今天网络基础上又有延伸，无线移动的问题，还有出现其他新的媒体形态，跟计算机相关的，这都可以说是新媒体。"

1.1 新媒体概述

新媒体，是依托新的技术支撑体系出现的媒体形态。新媒体是利用数字技术，通过计算机网络、无线通信网、卫星等渠道以及计算机、手机、数字电视机等终端，向用户提供信息和服务的传播形态。本节主要介绍新媒体的概念、新媒体的形态、主要新媒体平台以及新媒体创作基础知识。

1.1.1 什么是新媒体

相比传统媒体，新媒体有自己的特点。新媒体的第一个特点就是它的消解力量——消解传统媒体（如电视、广播、报纸、通信）之间的边界，消解国家和国家之间、社群之间、产业之间的边界，消解信息发送者与接收者之间的边界等。

新媒体可以与受众真正地建立关系，同时还具有交互性和跨时空的特点，同时，新媒体给媒体行业带来了许多新的理念和模式，节目的专业化越来越强，卖方市场转向买方市场等。新媒体传播有以下四个特点。

（1）每个人都可以进行大众传播。

（2）信息与意义无关。

（3）受众的主动性大大加强。

（4）大众传播的小众化。

有研究者表明，新媒体近乎零费用的信息发布，对受众多为免费，这对传统媒体的新闻制作造成挑战，例如，一些热点事件为个案提出了新媒体的多媒体整合态势，市民用手机拍摄照片，在朋友的博客上以近乎图片直播的方式报道了一场灾难的现场，这些照片很快流入了各大电视网的新闻头条。如图1-1所示为一些新媒体平台。

图 1-1　新媒体平台

首先，新媒体具有隐蔽性，新媒体的形式隐藏于日常环境的各种空间、物体中，它最低限度地减少了与受众的抵触性，让广告同娱乐结合得更为紧密。

其次，新媒体具有分众性，可以更有效地针对产品的消费群，加上一些新媒体属于主流媒体，信息传播率高，所以它能够很好地找到每个人的单独时间，通过这些零碎的时间，得到传统广告难以获取的好环境。

最后，新媒体具有高科技性，使新媒体具有鲜明的时代个性与广泛的应用性，适合于不同场所，能够产生更好的视觉效果，具有生动性和真实感。

在新媒体时代的今天，受众在广告传播中的地位有了前所未有的提升。因此，企业要想在竞争中立于不败之地，就必须研究新媒体时代的广告受众，从而制定有针对性的营销传播策略。新媒体的迅猛发展，对广告受众的影响，体现在如下几方面。

1. 广告受众行为的转变

随着新媒体技术作为支撑，尤其是诸如百度、谷歌之类的搜索引擎的发展，受众对信息的索取也更加便捷，更加具有针对性和计划性。可以利用 RSS（Really Simple Syndication）技术自由地进行个性化的信息定制，利用搜索关键词进行信息精确筛选，如图 1-2 所示。豆瓣网、YouTube 之类的 Web 2.0 网站，一些商品的论坛、官网、QQ 群也将会成为他们获取商品信息的渠道。总之，他们对于广告信息的认知度达到了一个前所未有的程度。

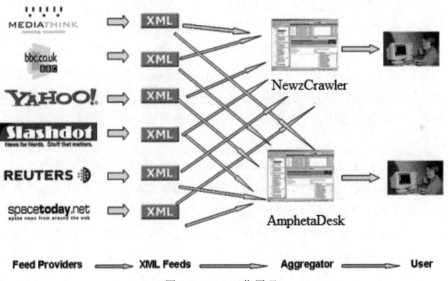

图 1-2　RSS 工作原理

像以往亿万人民同看一张报纸的时代已经一去不复返了。现在的受众根据各自的利益与兴趣选择了不同的媒介，形成了相对稳定的关系。受众的兴趣多元化表现除了与自己利益切身相关之外，还有一种就是喜爱和情感的需要。

例如，为什么一些社会新闻、体育新闻、文艺新闻等并不十分与群众密切相关的内容同样也有一定的受众群呢？其中的原因莫过于如此。这里就出现了"窄"受众分类。他们也具有分散性、多样性和匿名性，但同时在某一方面显示出共同的接受倾向，即选择信息的某种共性。

如歌迷、球迷、收藏爱好者、经纪人、政治家等，对信息的关注和追逐，无不与各自群体特定的兴趣、需求有关。中央电视台就根据其受众服务对象一下就整合了十余个专业频道。各家电视台对电视内容进行不断地细分，从频道到栏目到单个节目，实现单纯化、风格化、个性化，使观众快速识别，以形成分类收视群体的社会意识。报纸出现了数千种专门的报纸，如体育的、音乐的、计算机的、娱乐的等，种类越分越细，供受众各取所需之外，还有一种就是喜爱和情感的需要。

2. 网络新媒体的发展及对社会的影响

互联网络正以飞快的速度发展，并被誉为 21 世纪最耀眼的传播媒体。联合国新闻委员会召开的年会正式宣布，互联网被称为继报刊、广播、电视等传统大众之后新兴的第四媒体。新媒体集文字、声音、影像等多种形式于一体。首先，从传播技术来看，以互联网技术为核心的各种高新技术孕育了网络媒体的诞生，并伴随其成长。没有全球范围的互联网，没有高速运转的芯片，没有迅速扩展的宽带，没有成熟的数字压缩技术和存储、检索技术，便没有第四媒体。

其次，从传播方式看，第四媒体不仅融合了以往各种大众传媒的优势，能从文字、图像、声音同时发送信息，而且还具有各种大众传媒所不具备的特点，如跨时空性、可检索性、超文本性和交互性等。过去，人们只能读报纸、听广播、看电视；现如今在计算机面前人们既可以读，也可以听，还可以看，对于特别感兴趣的信息，单击鼠标就可以下载、录音、录像，还可以进行存储、整理、评论、复制、裁剪，并可以自由地调用和发送信息。更加接近自然的人际传播，使传统媒体带来的传播距离感大大减小。从第四媒体传播的功能看，它能使信息传播具有高速、高质、超量、多样化、超时空、超文本的特征，既可同步传输，也可异步传输，它的出现，打破了传统传媒受时空限制的因素，变得随时随地都可以接收。

网民可以通过网上大量的超文本链接，对阅读的进程方向和结果进行选择，也可以从网上存储的浩如烟海的信息中，根据自己的需要随意查询，从而彻底改变传统的阅读方式。这些是传统传播传媒无法比拟的。从传播的方向和机制看，第四媒体突破了以往大众传媒单向传播的模式，能使信息传播具有双向传播的特性。传统的三大媒体，无论形式如何多样，与受众之间也只是一种单向联系，受众只能看、听，最多可以通过电话交流，而网民则可以上网交流，发表意见看法。这种"交互性"是第四媒体最独特的特点之一。

除此之外，第四媒体还突破了大众传媒使受众被动接收信息的局限，实现了受众驱动式传播，网民将在信息传播系统中逐渐占主导地位，网络多媒体必须千方百计地围绕网民的需求，因此有人自豪地说，第四媒体给予网民前所未有的主动权。纵观网络发展，尽管第四媒体还处于发展阶段，技术的完善、普及与发展等都需要时间，但其所表现出的巨大作用正在逐步凸显。

媒体拥有人际媒体和大众媒体的优点：完全个性化的信息可以准确送达不同的人；每个参与者，不论是出版者、传播者，还是消费者，也对内容拥有对等的和相互的控制。媒体也免除了人际媒体和大众媒体的缺点：当传播者想向每个接收者个性化地交流独特的信息时，不再受一次只能针对一人的限制；当传播者想和大众同时交流时，能针对每个接收者提供个性化内容。

新媒体的辐射影响，已经几乎涵盖了人们生活和工作的所有环节，其形式众多，有手机媒体、数字电视、移动电视、宽带电视 IPTV、动画、网络游戏、博客、户外新媒体等。随着新技术的创新应用和广告人的创意开发，新媒体产品形式还将不断发展。

1.1.2　新媒体的形态

新媒体作为与传统媒体相对应的概念和事物，在信息技术的推动下发展迅速，其形态也呈现出丰富多变、融合吸纳的局面，既保持了双向传播的本色，为受众提供舆论场；也更长于娱乐休闲平台和人际关系网络的搭建，开辟了当下生活的重要空间。新媒体的形态可划分为如下四种主要形态：网络媒体、手机媒体、互动性电视媒体和新型媒体群等。

新媒体作为一个兼具技术性和社会性的概念，在发展演化的过程中，各种形态层出不穷，从 Web 1.0 时期的门户网站，分类搜索，即时通信到 Web 2.0 时期的博客、播客，再至移动互联网支持下的手机电视、手机游戏等，每一次形态的飞跃都离不开技术的革新、应用的需要、政治的压力和经济的竞争，多种力量的博弈推动着新媒体形态的巨变。正如美国著名新媒介专家罗杰·菲德勒指出：传播媒介的形态变化，通常是由于可感知的需要、竞争和政治压力，以及社会和技术革新的复杂相互作用引起的。

从受众的需求角度来看，个性化、细分的受众市场带来了新媒体的长尾效应，任何一个独特的、小众的群体都能在新媒体上聚集、对话、交流，形成虚拟且现实的人际圈子。博客、社会化网络、标签、简易聚合等新媒体元素使得网络内容易于查找，即时通信等话语工具使得个体间的对话易于展开，新媒体就像一个门类多样、秩序井然的繁华集市，构造了现代生活的"第二人生"。

从国际政治格局的角度看，新媒体在各国的发展也是国家科技与文化软实力的比拼，中国在互联网的发展初期，处于后发地位，很多技术标准都要受制于人，缺少发言权，也丧失了很多经济利益。但是在新媒体的发展进程中，中国与美国、日本等资本强国处在了同一起跑线上，我们开始从模仿、改造的阶段步入自主创新的阶段，百度之于谷歌，新浪微博之于 Twitter，处处都充满了竞争。而 3G 标准 TD-SCDMA 的制定和实行、物联网的研发则展示着我国正占据新媒体发展的新的制高点，温家宝总理在 2009 年 11 月召开的北京科技界大会上发表了"让科技引领中国可持续发展"的讲话，明确提出"要着力突破传感网、物联网关键技术，及早部署后 IP 时代和关键技术研发，使信息网络产业成为推动产业升级，迈向信息社会的发动机"，还强调"中国要抢占未来经济科技发展的制高点，就不能总是跟踪模仿别人，也不能坐等技术转移，必须依靠自己的力量拿出原创成果。"

从国内行业竞争与发展的角度看，主导新媒体的广电与电信行业的竞争加速了新媒体的变形与融合，国家资本、民营资本、国外资本的竞合力量为新媒体的民用、商用铺设了坦途，尤其在新近热门的网络视频、IPTV、互联网电视领域无处不见资本与规制的竞争，电信开始自己做内容，广电在抓紧铺设网络，都试图把握住新媒体经济的上下游各环节。

当下的新媒体指的是依托数字技术、互联网技术、移动通信技术等新兴科技而产生的向受众提供信息服务的一系列新的工具或手段，其种类可谓丰富多彩。目前受到关注的不下几十种，其中，有的属于新的媒体形式，有的则属于新的媒体硬件、新的媒体软件或新的信息服务方式。从传播学视角看，它们又可以分为两类：一类可以称作新兴媒体，是新媒体的典型形态，以网络媒体、手机媒体、（互动性）电视媒体为代表；另一类则可以称作新型媒体，包括户外新媒体、楼宇电视和车载移动电视等。以下将依四大类别来依次介绍新媒体的不同形态。

1. 网络媒体

网络媒体是新媒体中的传统形态，是随着互联网在中国的发展而开始走进大众视野的，给予网民最初的关于网络应用的概念，同时积累了最早的互联网用户，基于 HTTP 的 Web 页面的发明让人们只需轻轻一点就打开了互联网的多彩世界，不需要输入命令，不要求专业的技能。简单的网页浏览与轻松的网络阅读催生了门户网站，因为网民们需要一个开阔的入口来进入网络，进而这种用户的使用习惯和黏性使得网络逐步迈入了媒体的行列。

网络媒体作为最早出现同时也是最重要的新媒体形态，目前包括门户网站、搜索引擎、即时通信、网络社区、SNS、RSS、网络视频/电视、网络广播、网络报纸/杂志、网络出版、网络游戏、网络动画、网络文学、博客、播客、维客、威客、换客、掘客与推客等。门户网站、搜索引擎、即时通信和网络社区属于网络媒体的第一梯队，属于最早的网络应用，均出现于 20 世纪 90 年代初期。网络的陌生化交流、信息的自主选择和有限度的个人话语表达让网络媒体获得了大众的认同。网络游戏、网络动画、网络文学等娱乐与严肃、高雅与低俗相生相伴的创造型网络媒体形态成为中年及青少年网民的活动阵地。博客、微客、推客等"客"一族则是 Web 2.0 时代涌现出来的实现"所有人面向所有人传播"的新形态，为理想的公共领域和自由的舆论场开辟了一块虚拟而真实的实验田。网民的言论能激起巨大的蝴蝶效应，影响社会事件的法律进程，影响公共政策的决策和制定。新媒体的力量在网络媒体上体现得最为强烈，如图 1-3 所示为网络媒体示意图。

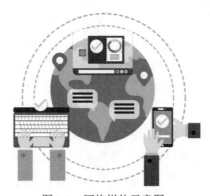

图 1-3　网络媒体示意图

2. 手机媒体

手机媒体是新媒体中的新生形态，已从 20 世纪 80 年代末标志身份的"大哥大"变成 21 世纪可"把玩于股掌之间"的微型计算机，成为继报刊、广播、电视、互联网之后的"第五媒体"。其具体形态包括手机短信、手机报纸、手机杂志、手机出版、手机电视、手机广播、手机游戏、手机动漫等，正从单一的人际传播媒介变成兼具人际传播、组织传播和大众传播多重身份的重要新媒体。

在近几年典型的群体事件中，手机媒体结合网络媒体扮演了社会组织和社会动员的角色，可迅速交换，复制、传播的手机短信已作为一种新的政治力量被当下社会所认知和接受，同时手机短信也作为社会控制和管理的力量被国家和政府所采用，但失实的手机短信会产生网络流言，引发社会恐慌，故手机短信的安全治理问题已被提上了日程。以手机报纸、手机杂志为代表的手机出版作为手机短信的延伸，已成为增长速度最快的数字出版行业。受众在手机出版传播的过程中获得了独立自主的地位，面对便捷的多媒体信息，可以做到随时随地地阅读、观赏和反馈，突破了时间和空间的束缚。继手机报纸、手机杂志、手机小说等以文本为主的出版物后，手机游戏、手机动漫等以音视频及动画为主的出版物也加入了手机出版的大格局。广电总局的 CMMB（移动多媒体广播）标准和电信的 5G 标准使掌中电视成为现实，为大众提供了全新的娱乐休闲方式。手机电视的消费习惯正在培育，当各方利益博弈趋于平静、网络资费调至合理时，手机电视会成为新的收视热点。手机游戏、手机动漫和手机电视都是 5G 时代的主推业务，超大的信息容量、丰富的表现形式在手机高带宽的支持下，将成为现代社会中忙碌而孤独的人们的娱乐首选。

3. 互动性电视媒体

互动性电视媒体是传统的电视媒体结合互联网的数字与 IP 特性之后的升级形态，包括数字电视和 IPTV 两大类，这种以传统电视为母体发展而来的新兴媒体，是广电行业对互联网迅猛壮大的技术回应，是为未来的传媒业格局谋求的一条路径选择。传统电视以声像夺人，相较于广播、报纸、杂志有着天然的优越性，但它的单向传播和非强制性阅听，与网络新媒体比较起来则逊色很多。尤其是对于青少年群体来说，他们更倾向于自主和个性化的媒体，电视媒体似乎快要成为老年媒介的代名词。为了打破僵局，电视媒体开始不断向数字化、平台化转变。

数字电视是数字技术在电视领域发展和应用的必然结果，可为用户提供更加适合于人眼自然视域的画面结构和优质的电视图像，给予了用户上行下行的双向通道。电视不再只用来收看节目，而变成一个多功能、多业务的家庭生活电子平台，用户可以于其上自行点播喜欢的影视剧、查看出门的行车路线、炒股票、查找医疗信息等。数字电视在已有的优势下力图聚集互联网的功能，占据新媒体行业的一席之地。IPTV 是通过 IP 协议来传送数据信息的，电视只是其终端之一，与数字电视比较起来，更多地具备了互联网的游戏、聊天、网上银行、生活资讯等服务。不同的是，二者底层运行的通信技术网络有差异，IPTV 是广电业务和电信业务的一个融合体，改过去的"人等电视"收视特征为"电视等人"。

宽带视频技术和 3G 技术的商业化带给人们更多"易得性"的资讯，而数字电视和 IPTV 则使人们获取资讯的方式向着"我的电视"这一模式发展，受众主体开始主动参与到电视传播中。

4. 新型媒体群

新型媒体群是视频技术走出固定场所、面向开放的户外空间、移动空间，并借助无线网络而达成的变异形态，它的重点在于如何有效利用受众有限的接触时间而提高广告的传播效果，这是一个与广告行业密切相关的新媒体形态。目前主要包括户外新媒体、楼宇电视、车载移动电视等。新型媒体以区别于传统媒体和其他新媒体形态的传播范围与传播行为，达到了更具时效性和指向性的传播效果，且同属于新型媒体。但楼宇电视和车载移动电视及户外新媒体有着不一样的受众策略，前者是典型的小众媒体，而后两者都是大众媒体。

楼宇电视一般针对的是中高端消费群体，常安置于高档写字楼、高档小区及一些重要的服务大厅，传播范围较窄，内容针对性较强。但目前楼宇电视的"分众化"还停留在数量阶段，需要上升到质量阶段才能实现优质的广告效果传播。移动车载电视作为大众媒介有着独特的媒体优势，乘客所在的商务车、出租车、公交车或地铁属于封闭的空间，电视作为彼时彼地突出的娱乐媒体和信息渠道，足以实现"枪弹式的强制传播"。

从最近发布的《中国车载移动电视媒体运营综合实力研究》报告可知，越来越多的国内外品牌认可在车载移动电视上投放广告，这些品牌所涉及的行业遍及快速消费品、通信与印刷、医药保健品、食品、家电、IT 产品等三十多个门类。户外新媒体的受众则与车载移动电视的受众相反，他们只消费"瞬间"的注意力，如何在一瞥之间让信息进入受众的大脑，如何增强媒体的表现力、突出关键信息，如何充分利用电子显示屏使这一新媒体形态成为发展着力点。

新型媒体都属于典型的"等候经济"，等电梯的时候看楼宇电视，等飞机的时候看大屏幕电视，等待回家的路上看车载移动电视，以一种看似闲散的伴随性传播来及时地传递信息，利用受众的放松心态达到强有力的传播效果。

1.1.3　主要的新媒体平台

新媒体平台也随着互联网的快速发展，更新了一代又一代。从最初的门户网站投稿模式，到后面的博客论坛，再到如今的微信、微博、头条等。而如今人们说的新媒体平台，就是指微信、微博、头条这一类平台。这类新媒体平台归纳为 5 个大类，分别是：半封闭平台、短信息平台、开放式推荐平台、视频式平台、问答式平台。

1. 半封闭平台

这类新媒体主要包括微信公众号、QQ 公众号平台等。这类新媒体平台对内容要求较高，对用户认同感要求高，主要是针对关注自己公众号粉丝的一个内容传播，传播范围有一定局限性。也就是别人不关注你，你发布的信息别人就无法接收到。

2. 短信息平台

类似于朋友圈，这类平台主要是适合快速阅读，利用人们碎片化时间提供比较短小的内容发布的平台，优质内容也会得到平台推荐。常见的有：新浪微博、今日头条的微头条、Twitter 等。

3. 开放式推荐平台

这类新媒体平台主要有：趣头条、今日头条、搜狐自媒体、网易自媒体、一点资讯、UC 自媒体、百家号、企鹅号等。这类新媒体平台，适合想做自媒体的人。平台有合理的推荐机制，并且为了鼓励原创平台有各种奖励机制，例如，今日头条的广告分成等。

4. 视频式平台

视频，包含长视频和短视频平台两种。常见的长视频平台主要有：优酷、土豆、爱奇艺、腾讯视频等。短视频平台是近年来比较火的新媒体平台，最常见的有：抖音、微视、快手、美拍、火山小视频等，如图 1-4 所示。

图 1-4　短视频平台

5. 问答式平台

问答式平台主要有：悟空问答、百度问答、知乎问答、微博问答、搜狗问答、360 问答等。百度、知乎、微博、搜狗、360 等问答平台主要用来做品牌宣传，软性植入品牌推广品牌，从而获得粉丝流量。像悟空问答，不仅可以获得粉丝流量、宣传品牌，还可以赚零花钱。平台的资金扶持，对于优质原创问答有红包奖励。

以上是 5 类新媒体平台分类，当然互联网发展的速度这么快，以上分类肯定是不完全的，仅供大致参考。

而短消息平台和开放式推荐平台，其实从某种程度上可以归纳为一个大类——开放式推荐平台。因为像今日头条、新浪微博这些平台，都包含两个内容，既可以发布短消息，也可以发布长文章。

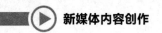

1.2　新媒体创作概述

新媒体新闻文本写作并非完全脱离传统媒体写作，很多技巧和方法与传统媒体是相同的，传统媒体需要遵守的规则也适用于新媒体。但新媒体毕竟是一种新的媒体形态，其呈现信息的方式不同于传统媒体，尤其是新媒体用户浏览新闻的习惯发生了很大改变，因此，新媒体新闻文本写作的方法和技巧也随之发生改变。

1.2.1　新媒体创作及其特征

1. 标题：基本信息完备

在传统媒体中，标题作为"眼睛"十分重要，而在新媒体中，标题更加重要。

新媒体新闻文本标题一般题文分离、单行题多、以实题为主，融合文字、音频、视频、图片等多种文本形式，每一个标题都是一个超链接。新媒体新闻文本标题在拟题时要遵循一个重要的原则，即基本信息完备。

1）简洁的语言表述

一个好的新媒体新闻文本要力争一下子抓住用户，进而引导用户单击。要简单直接地告诉用户，这个新闻是什么，即尽量包含新闻 5W 要素。以下面的标题为例：

国务院 4 月起专项督查 16 地房地产调控落实情况

做到了简洁点出最基本信息的要求。

2）包含具体的细节

特殊的数字、情节或细节会吸引用户，增加阅读率。

例如：《赵本山：我很惧怕春晚，担心自己会倒在台上》（凤凰网）

引用了赵本山原话这样一个细节，很吸引人。

3）内容要准确

标题表述的信息要准确，即使是细节也要精确无误。

内容的准确主要体现在以下两方面。

一是新闻事实准确，即标题中所陈述的新闻 5W 要素要完全符合新闻事实。

二是对新闻事件的陈述和评论要概括事件全貌，防止有意使用耸人听闻的词语，或者以偏概全、偷换概念。

很多新媒体新闻文本标题说的是一件事，打开链接后，文本主体说的却是另一件事，网民有被欺骗的感觉；这样虽然赢得了一时的点击率，却丧失了媒体诚信。

例如，某纸媒新闻《子女"常回家看看"有望入法》，被某网站转载后标题变成了《常回家看看，这是法律！》。网站标题确实有冲击力和吸引力，对基本信息的概括却出现了偏差，明显不准确。

4）运用全媒体手段

为了传达完备信息，新媒体标题可以变得更加丰富和厚重，可以采用标题集锦或"图片＋标题＋摘要"的形式。

在强调突出某一条新闻时可以采用"图片＋标题＋摘要"的形式,这种标题传达视觉信息、核心信息、基本信息更加全面。

5）标题制作禁忌

网络新闻标题制作标准:其一是题文相符,其二是突出重点。新媒体新闻文本标题制作的几条禁忌如下。

（1）忌标题模式化。为了吸引用户单击,套用一些标题模式,例如,"史上最牛……"系列标题。

（2）忌娱乐化、庸俗化。弱化新闻关键信息,强化次要信息,这些次要信息多半比较火爆,例如,性、暴力、奇葩等,导致题文不符。

（3）忌标题党。标题党导致大量不负责任的标题产生,当用户搜索新闻输入关键词后,发现搜到的新闻并非自己想要的。

6）内容提要突出关键词

新媒体用户打开网站主页的相关标题进入正文后,会在正文标题下面看到一小段话,这就是内容提要。例如,英国 BBC 网站;还有的网站采用弹出式标签技术,当鼠标滑过某条新闻标题时弹出文字框显示该条新闻提要,移动鼠标后文字框自动消失。

内容提要的作用是解释或补充标题的内容,报告新闻事件最新的动态,文字要简练,尤其要注意突出关键词。关键词是一个文本中的核心词语,揭示稿件最核心的内容,以吸引用户,提高文本的检索率和利用率。

2. 正文: 语言简洁,内容平实

1）简洁

新媒体新闻文本一般保持一个屏幕长最好,最长不要超过两个屏幕;每句话要简洁,一般不超过 20 个字,段落简短。

2）语言平实

文本用最简单、准确的文字告知信息即可,不需要大段大段的抒情议论,要避免花哨难懂的词汇,多采用通俗平实的文字。

3）一段表达一个意思

用户在阅读新媒体新闻文本时大多是跳跃式阅读,因此,文本最好一个段落表达一个完整的意思。

4）多用小标题

过长的新媒体新闻文本要善于用小标题将文本分成几块,便于用户搜索和选择信息阅读。

5）重要信息优先原则

文本要将最重要的新闻要素置于最前面,无论是整个文本写作还是文本中的某一个段落写作,都要遵循重要信息优先的原则。这与传统新闻写作中要求的"倒金字塔结构"完

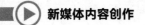

全一致。

3. 注重事件背景介绍

新媒体新闻文本写作中背景使用非常重要，文本中多运用事件背景可以让用户对新闻的了解更全面、更深入，也有利于用户围绕新闻获取拓展性信息。

事件背景在文本中的使用主要有以下几种方式。

（1）在文本中直接写出来，穿插在导语、主体和结尾中，这与传统媒体没有太大区别。

（2）通过相关词语设置超链接。例如，文本中出现电影《星际迷航》，那么可以对《星际迷航》几个字设置超链接，用户打开链接后可以看到关于《星际迷航》的具体介绍。

（3）通过文本后的"相关新闻"超链接来实现。

（4）设置新闻背景信息模块，打开后是有关的各类背景标题，由用户选择点击。

4. 相关延展性链接：与文本内容相关

延展性链接是发布与文本内容有一定联系但又独立的新闻报道。

如新浪网新闻《我国公务员已连续 7 年未调薪工资不透明遭指责》，文本后面设置了相关新闻的延展式阅读《妻子嫌公务员丈夫工资太低与其离婚》《公务员工资改革目标：重点提高基层公务员待遇》《专家：公务员工资改革应提高基层公务员待遇》等。

用户打开每个标题都是一条完整的新闻，这些相关新闻的设置，拓展了该文本的信息含量，用户可以通过延展阅读，加深对新闻本身的理解和认识。

5. 必要时进行后续追踪报道

以已经报道或正在报道的新闻为线索，对新闻人物或新闻事件做延续性的、进一步的报道。新媒体新闻报道追求快和新的内容，新闻网页更新率非常快，新媒体工作者要注意重大新闻后续报道追踪。

后续追踪报道应该注意：

（1）要及时发布报道追踪，事件有了新进展，要在第一时间告知用户。

（2）信息一定要准确，对重大事件往往会有很多传言，传言不一定都是假的，但绝对不能等同于事实报道。

（3）后续追踪报道的重点是事件新的进展，例如，事件原因调查结果、事件认定结果、新的细节等。

1.2.2　新媒体记者的岗位职责与任职要求

新媒体记者的岗位职责如下。

（1）负责各新媒体渠道的策划宣传与组织实施落地。

（2）新媒体视频类文案、脚本、采编、拍摄、剪辑等；熟练掌握各类办公软件、图文设计软件、视频剪辑制作软件等。

（3）协助上级主管对平台运营进行整体协调和把控。

（4）负责媒体渠道的新闻稿撰写发稿。

（5）设计活动相关文宣。

岗位要求如下。

（1）新闻学、传播学、媒体创意、视觉传达、汉语言等相关专业，有一定工作经验者优先。

（2）熟悉新媒体运营模式，熟悉新媒体及各类功能操作，熟悉微信公众号平台操作和各类微信编辑工具，有一定的文字功底。

（3）具有优秀的视频原创内容能力、创意策划能力、市场营销能力、策略思考能力，有成功的平台运作经验者优先。

（4）有责任心，有执行力，有良好的沟通能力，有强烈的团队意识。

1.2.3　新媒体创作的职业要求

（1）网络敏感度。作为新媒体运营，无论是新媒体公司，还是企业的新媒体部门，都需要对网络有一定的敏感度，善于发现网络热点，有抓热点、搜集信息、熟悉数据分析等能力，将热点成功地与自己的调性相结合，形成自己的趋势，切记不要人云亦云，要保留自己的风格，坚持自己的取向。

（2）材料利用。每一个新媒体运营者所面对的材料是一样的，那么写出来的文案就会有高下之分，关键在于如何整合材料。面对浩瀚如海的资料，要学会辨别材料的真假，甄选有用的、具有关联性的材料，将这些材料整合串联起来，会产生不一样的价值。

（3）逻辑的重要性。适当的修饰语可以增加文案的文采，但这不是重点。重点是文案要有条理，思路清晰，更重要的是要有逻辑性。

（4）理解产品。任何新媒体运营都脱离不了产品，无论是自己公司的产品，还是客户的产品。如果与产品无关，那么即使再多的人评论、转发、点赞，也是毫无意义的。所以，成功的新媒体运营，要时刻想着如何让粉丝在理解的情况下，接受你的广告植入。这就要求新媒体运营一定要彻底地了解产品，熟悉产品的每一个功能，理解用户的使用场景、产品最大的卖点在哪里，能快速定位并解决用户提出的所有问题，对产品最好要有自己的理解。

（5）用户至上。这就需要新媒体运营长期接触用户，与用户打成一片，了解用户的需求、喜好等，进而帮助用户解决问题。当然，最关键的是要懂得技术性的要领，可以系统地学习。

（6）懂得传播。什么样的微博内容最吸粉，微信上用哪种方式能够引爆朋友圈？什么样的页面能够让粉丝愿意扩散？所有这些都要求掌握传播的逻辑，掌握引爆点、传播结点、传播形式三个要素。

13

1.2.4　新媒体创作的思维方式

Spenser 在《写作是最好的自我投资》中指出：对不特定的对象施加影响的写作即注意力写作。这里有两个关键，一个是不特定的对象，另一个是施加影响。

注意力写作的目的在于：让我们的表达更有效，吸引更多的读者，产生更大的影响力。所以，从根本上来说，注意力写作是一种写作技巧和心法。

在新媒体和自媒体写作时代，几乎任何行业都离不开传播，开通公众号的集体和个人已经越来越多，注意力写作的范围也就大大拓展了。而与传统写作时代相比，由于阅读方式和传播方式发生了天翻地覆的变化，写作者们对读者"注意力"的争夺也就更加激烈。

举个例子。随着移动互联网的发展，手机阅读因为便利、高效的特点，已经逐渐成为主流的阅读场景之一，我们利用碎片化时间随时随地通过手机浏览新闻、看文章、读小说，花在手机阅读上的时间也就越来越多了。而这也意味着内容生产者的好机会正在来临。

近些年来，大量擅长注意力写作的人获得了成功。例如周冲，在辞职写作之前，她在老家的一所中学当老师，开始自媒体写作之后，无论是影响力还是财富积累，都翻了不知道多少倍。因此，写作已经成为塑造个人品牌，构建影响力的最好方式。

然而，正因为写作发表的门槛不断降低，人人都是写作者和传播者，怎样才能掌握注意力写作的方法和技巧，在激烈的"注意力争夺战"中脱颖而出，成为写作者们最迫切的需求。

学习"注意力写作"必须具备以下五种思维。

1. 场景意识：适应屏读时代的挑战

屏读的特点有三个：速度快、频次高、碎片化。例如，我们通常会在坐地铁的时候，掏出手机看看文章；利用开会间隙，快速了解行业动态；等人的时候，快速阅读公众号文章。这些阅读行为不仅很容易被外界干扰和中断，且每次持续的时间也不会很长，短则三五分钟，长则半小时。然而，写作方式其实是由阅读场景决定的。

因此，与传统写作相比，新媒体写作有很大不同。传统写作节奏缓慢、伏笔较深，类似文艺电影的风格。而新媒体写作则要有刺激点，能够快速进入主题，如果写得太拖沓，读者看了三段都不知道你想表达什么，那么就会跳出。注意力写作的核心是想办法留住读者，有点类似于商业电影。

有些人可能会问，那究竟该怎么办呢？

办法只有一个，那就是顺应时代的变化，改变写作方式，掌握新媒体传播方式和写作技巧。

2. 用户思维：影响他人的前提

就绝大多数写作来说，我们写文章就是要给人看的，除非是私人日记。例如，我们写方案是为了说服客户，让自己的建议被采纳；写文案的目的是打动潜在消费者，促进销售；写文章是为了表达观点，得到认同⋯⋯

无论哪种类型的写作，要想成功影响到他人，写作者必须要能理解读者或者说用户。这就是用户思维。用户思维是最基本也是最重要的思维。

那么写作者如何建立用户思维呢？

有两个办法，一是满足读者阅读动机。一般来说，读者的阅读动机有两个，一个是满足好奇心，另一个是满足自我表达的需要。因此，写作者要学会揣摩读者感兴趣的话题，把读者表达不出的情感和思想表达出来。其实如果你能多去留心阅读量在 10 万以上的文章，就会发现，这些文章之所以能成为爆款文，关键在于他们的选题切中了人性中的共同话题，例如，爱国情感、人性善恶、安逸还是拼搏等，都是人们非常关注且经久不衰的热点话题。

举个例子。之前华为 CFO 孟晚舟在加拿大被扣留，有个作者写了一篇《孟晚舟女士获保释：世界还是那个世界，中国已经不是那个中国！》的文章，在全网引起广泛转发。这篇文章能火，最重要的两点在于：一是抓住了当时全网都在关注的华为热点新闻事件；二是通过这一事件引向国家尊严、民族复兴这个更大的话题，并列举各种历史事件和案例，有理有据，极大地引起了读者内心的认同和共鸣。

得到的刘润老师曾说过这样一句话：写作这件事，表达欲很强的人是写不好的，写作的本质不是表达逻辑，而是倾听逻辑。即读者想要表达什么，然后替他们去表达。所以，写文章切忌自说自话，对于读者来说，他们在乎的不是你写了什么，而是你写的东西与他有什么关系。只有你的文章对他们有价值，才会有人愿意阅读和转发你的文章。

另一个解决办法是适应读者的阅读场景。前面讲到了屏读时代的特点是速度快、频次高、碎片化，正因为这样的特点，读者的注意力也就更容易被分散，耐心更有限。

那么我们应该怎么做呢？

首先，表达要克制，切忌冗长。主要体现在两方面，一是措辞精练、用词精辟、贴切，多用动词和名词，少用形容词；二是结构紧凑，文章要短平快。新媒体文章字数要求一般在 1800 ～ 2500 字，太少了表达不清楚，太多则显得过于啰唆。其次，多给刺激点。例如，要学会设置悬念，引起读者的阅读兴趣和好奇心，不要太过于平铺直叙。此外，金句不可或缺，所谓金句其实就是脍炙人口的句子，这样的句子因为简短有力，深入人心，能给人带来强烈的冲击感，令人印象深刻。读者读完文章之后，细节多半已经忘记，能记住的往往是一些令人醍醐灌顶的金句。

3. 产品思维：打好组合拳

注意力写作要求作者不仅会写文章，还要具备产品思维，拥有多重能力。例如，不仅要会找选题、搭结构，最好还能懂点运营和传播，会策划活动，与读者沟通等，只有打好了这一系列的组合拳，把写文章当作一个产品去运营，才有可能成为一个优秀的自媒体人。

那么，具体应该怎么做呢？ Spenser 在书中提出了以下两条建议。

一是系列文章提升专业度。坚持在垂直领域输出专业知识，凸显实力和专业度，积累口碑。例如，我喜欢读书和写作，所以写的文章多数也都是相关的，写得久了大家也就知道了。此外，要做到长期在一个特定的领域输出价值，需要作者本人有大量的输入。我几乎每天都要看书，因为输入很大程度上决定了输出，只有确保一定的输入，大脑才会产生新的思考，拥有源源不断的输出。

二是独家视角提升辨识度。写作不能人云亦云，而要形成自己的观点。写作者要倾听不同的声音，多角度思考问题。例如，每天做选题训练，关注热点新闻和新话题，思考它们背后的含义，然后努力寻找一个值得深入探索的点去展开写。

4. 社交思维：写作和传播同等重要

为什么你写的文章没人看？你的微信用户够多吗？写完文章之后，你是否转发了朋友圈和微信群？你的文章是否触到了人性最隐秘的痛点？如果你不懂传播，那么你的文章写得再好有什么用呢？所以，一般写完文章之后，要随手转发到朋友圈和相关微信群，自己的文章自己都不转发，又如何期望别人来支持？此外，新媒体传播还要多掌握一些引流技巧。例如，很多平台都可以附上自己的简介，在简介中可以带上公众号信息，可以的话，还会引导一下读者关注，例如，回复关键词，能领取一份投稿资源之类的。

5. 预期管理：正确认识自己，调整期望

写作是一个长期积累的过程，虽说只要我们愿意不断摸索，总会有进步，但每个人的基础和起点都不一样，这就是为什么有些人写了一两个月，就拿到了原创，写出了爆文，而有的人写了一年，可能也写不出一篇阅读量超过 10 万的文章。

写作不是和别人比，而是和自己比。正确认识自己，适当调整预期，才能持续在这条路上走下去。

第 2 章　新媒体内容创作方法

观看视频

在新媒体推广运营中，内容创作是相当重要的一部分。当企业需要与受众进行沟通时，通过创作优秀的内容，可以吸引受众的眼球，增强企业的品牌形象，并提高销售额。本章将介绍新媒体内容创作方法，包括具体的准备及构思、标题、开头、正文、结尾等写法。

2.1 新媒体内容创作基本步骤

新媒体内容创作的基本步骤主要包括：准备及构思阶段、文字输出阶段和修改阶段。下面逐一介绍。

2.1.1 准备及构思阶段

写文案表面看是文案，其实是考验文案创作者的思维。要先了解基本的营销思维。因此写文案之前的重要准备工作就是营销分析，包括整体市场分析、目标人群分析、竞争对手分析、卖点提炼。

其中，市场分析包括市场规模、位置、性质、特点、吸引范围等。但对于大多数文案来说，整体的市场是固定的，营销策划工作会更侧重市场，而文案工作则更多侧重于对目标人群、竞争对手、卖点提炼的分析。

文案的目标人群不同，写作的方向和方法也会有所不同。目标人群分析就是要搞清楚不同人群的区别，从而指导我们写出更有针对性的文案。

当面对高收入、注重品质的人群时，如果文案一味强调价格便宜的特点，就会无效，它对部分价格敏感的人群更有效。因此，要了解影响目标人群的相关因素，可以从文化因素、社会因素、个人因素三方面入手，还可以通过寻找消费者的购买动机找到文案所需推广的产品或品牌之间的契合点。

1. 文化因素

文化是人类需求和行为的最基本的决定因素。每个国家甚至每个地区都有对应的文化。例如，中国人更喜欢数字 8，因其发音与"发"相似；而德国人却更喜欢数字 4，因为在德语里，4 的发音为"vier"，音近于"viel"（多）。不同的社会阶层也有相应的文化。各社会阶层在服装、语言模式、娱乐喜好和其他方面都会有差别，阶层文化的不同主要由职业、收入、财富、教育等决定。

2. 社会因素

社会因素包括家庭、社会角色和社会地位等。个人在做决策的时候会参考与自己有一定关系的人或意见领袖的建议。

（1）家庭。家庭成员所扮演的角色和发挥的作用均不同。角色在不同国家和社会阶层中差别也很大。例如，在传统的中国和日本家庭中，丈夫普遍会将工资交给妻子，因为后者管理家庭的支出以及采购相关产品。如果是销售一种玩具，推出的文案一定不是针对孩子的，而应针对购买的决策者——孩子的妈妈。

（2）社会角色和社会地位。社会角色和社会地位的不同会产生不同的行为，如总裁会开豪华汽车、穿昂贵的西装；而公司中层领导则会体现自己精干的一面，穿职业套装等；

在不同的场合、扮演不同的角色，所对应的形象也略有不同。但随着时代的发展，中国人越来越顾及"面子"，也很可能出现刚上班的女性就提着名牌包的现象。作为产品，也需要找到其在对应人群中扮演的角色，明确产品要给对方带来怎样的感受，对方使用产品的最终目的是什么。

3. 个人因素

个人因素也会对决策产生影响。个人因素包括目标人群的年龄和生命周期、职业和经济环境、个性和自我观念、生活方式和价值观等。

（1）年龄和生命周期。不同年龄阶段的人的需求不一样，随着年龄的增长，也会依次度过生命中几个重要的结点，如升学、任职上班、结婚、生子；相应的结点对相关商品及服务的需求也不一样，如结婚时对家居类商品的需求会明显上升。

（2）职业和经济环境。职业同样会影响消费模式。蓝领工人会购买工作服、工作鞋；公司高层领导会购买礼服套装、空中旅行等。与此同时，经济环境也对消费模式有很大的影响。经济环境包括个人可支配的收入存款和资产、负债等。奢侈品交易受到经济的影响，当经济环境较差时，销售量会明显下降，但与此同时，奢侈品的二手市场却会比往常更繁荣。

（3）个性和自我观念。每个人的购买行为均受到自我个性的影响。品牌也同样具有人格化的个性特征，消费者倾向于购买与自己个性相符的品牌，或是自己理想形象中的自我个性的品牌。自我的观念也会影响到消费的选择，如当下自我意识强烈的一代更倾向于接受刺激、粗犷、激情的品牌个性。

（4）生活方式和价值观。生活方式指由行为、兴趣和观念所构成的个人生活模式，它也会受到生活环境的影响。如一线城市就有快餐式的生活方式，午餐更倾向于通过外卖的方式来解决。又如中国男性在前几年几乎都不用护肤品、化妆品，但近几年中国男性对自己的身体护理和形象的要求越来越高了，这也是他们生活方式的变化。另外，有些时间紧缺的消费者更倾向于多任务处理，也就是同时做几件事情，如一边开车一边打电话，或者通过雇用专业的人员为其完成部分原本需要自己亲手去做的事务，如家务方面请钟点工，这是因为对于时间紧张的人来说，时间比金钱更重要，这也是其生活方式和价值观共同作用的结果。

2.1.2　文字输出阶段

1. 重复、重复、再重复

不管你的产品到底是不是真的，人们听到的次数越多，就越有可能相信它是真的。想象一下，你的大脑中有多少根深蒂固的观念，只是因为你小时候父母不停地念叨它们。这意味着什么？这意味着你重复的次数越多，你的读者就越有可能相信你。这不是说让你一味地复制粘贴以前的文案，这种重复是无效的，并且令人反感，你需要更加微妙和灵活一些。你可以从已有文案中提炼出一个容易记住的短语或者口号，然后尽可能频繁地重复使用它们。

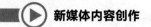
新媒体内容创作

2. 剽窃（当然是道德的）

这里不是说让你剽窃竞争对手的文案，这种行为是不被允许的，而是另一种符合道德的剽窃。你可以剽窃目标客户群体的语言文化，或者说话风格。阅读你的文案，要让读者感觉宾至如归，感觉非常舒服，所以不能使用那些对读者来说司空见惯的商业语言。

你知道有一种感觉叫作"你读懂了我的心"吗？这样的语言才能引起读者的共鸣。要想知道客户喜欢使用哪些网络用语，唯一的办法就是调研。你可以逛逛客户的朋友圈，查看相关的论坛/贴吧，关注客户阅读过的博客的留言部分，或者阅读客户买过的书籍的评论内容。记下客户喜欢使用的单词和短语，然后将它们融入现有的文案中。不要浪费时间玩那些猜词游戏，市场调研才能告诉你客户想要什么，以及有哪些神奇的短语能够促进他们消费。

3. 为自己辩解

罗伯特·西奥迪尼（Robert Cialdini）写了一本关于说服力的好书，名字叫作《影响力》。《影响力》这本书中特别强调了一项早在 1978 年（那个时候还没有互联网）就完成的社会心理学研究，这项研究表明：使用"因为"这个词来为自己辩解会起到很好的效果。

在实验中，排队等候的人们被以三种不同的方式问了同样的问题：

对不起，我有五页纸，我可以先使用打印机吗？因为我很着急。

对不起，我有五页纸，我可以先使用打印机吗？

对不起，我有五页纸，我可以先使用打印机吗？因为我必须打印它。

你认为哪种提问方式效果最差呢？第三种，对吧？

但是，很遗憾地告诉你，你的想法是错误的！实验结果表明，第二种问法的效果才是最差的，它没有使用"因为"这个词，没有给出插队的理由。第一种问法被 94% 的人允许插队，第二种问法被 60% 的人允许插队，第三种问法被 93% 的人允许插队。研究人员认为，这是人类的一种条件反射。不管你是否喜欢，你并不总是可以选择如何反应——即使你不想以某种方式做出反应，但是你仍然觉得必须这样做。我们可以从中学到什么呢？

每当你为你的产品或者你自己提出要求时，或者要求你的用户必须采取行动时，请一定要使用"因为"这个词，给出一个恰当的理由。

4. 给用户选择权

读者不喜欢被扣为人质。有时候，不是你的页面深深吸引了读者，而是你把读者作为人质扣在你的页面上。我们当然不希望降低页面对读者的吸引力，但是请少一点暴力。当你对读者提出要求时，请务必提醒他们，他们可以随时拒绝、离开、卸载或者取关。

给你的用户选择权，你会看到他们更愿意选择你。例如，当你想让用户注册并免费试用你的软件时，你可以尝试这样表述：在下方输入你的电子邮箱，可以免费获取 100GB 的学习资料。

5. 设置悬念

为什么电视连续剧让人如此上瘾？为什么你放不下手中的小说？都已经深夜两点了，

而且明天早晨要上班，你怎么还不放下手机去睡觉呢？这个问题和软文写作有什么关系？嗯，关系很大。你之所以沉迷电视剧或者沉迷小说，是因为作者恰到好处地设置了悬念。

在一章或者一集结束之前，一个新的故事线索总是被埋下，这些未知的结果吸引着我们去探索，吊足了我们的胃口。悬而未解的问题总是让人感觉不舒服。

那么，如何在你的软文中恰当地设置悬念，让读者上瘾呢？很简单，提出一些你不会主动给出答案的问题（可以是问句或者陈述句）。为了得到答案，消除悬念，用户必须按照你的要求进行下一步操作。

2.1.3　修改阶段

下面就文章修改时应注意的方面进行介绍。

1. 着眼全篇，从整体到局部进行修改

一提到文章修改，有的读者可能就认为这很简单，不就是看文中有没有错别字、病句嘛。于是一动笔就埋头于词句的修改中，对文章整体的失误却没有察觉，这样做是本末倒置，无益于文章水平的提高。

面对已起草好的文章，应先整体浏览，从全局出发，看文章中心是否明确，是否有新意，看所选材料是否紧紧围绕中心，然后再考虑文章整体框架方面的环节：看文章结构是否紧凑，布局详略是否合理，过渡是否自然，然后才考虑句式的选用，进行词语的锤炼。

只有从全篇入手进行修改，才能统观全局，从大的背景上权衡得失，局部修改才能有依据，才能有效地提高文章水平。

2. 先求"清通"，后求"工巧"

"清"就是文字简洁，把可有可无的字词句一律去掉，不用自己不懂的字词，不生造字词。

"通"就是文从字顺，先说什么，后说什么，安排得井井有条，行文合理连贯，相互照应。

做到文章的清与通是文章修改的最基本的也是最起码的要求，而初学写作的人常爱堆砌辞藻，滥用修辞，过分追求文辞的华美，并以此为荣，夸示于人。其实，文章的美并不在于用了多少修饰语，有多少名言警句，而是要看它的词句是否通顺，表现是否合理确切，因此在修改文章时应先求"清通"，使文章文从字顺，简洁明了，在此基础上，再对语言进行适当的加工润色。

3. 修改内容空洞、令人沉闷的地方

文章最容易出现的问题是内容空洞、言之无物。如果文章读起来乏味，让人感到沉闷，应从如下方面加以改正。

（1）要分析所写句子的正误优劣，看所说的事理是否准确，情调、语言色彩是否合适，读起来是否顺畅，内容充实。

（2）句子不要太长，段也不要太长。句子一长，别人不能一下子就看懂，势必影响阅读兴趣；段太长则显得行文呆板枯燥，让人觉得压抑，而写短段则使文章显得生动活泼。

（3）要精心分析所写的句子是否会产生歧义，是否符合逻辑，一定要做到句意明晰。

（4）文章不能以量压人，要做到内容充实，该长则长，该短则短。

4. 注意文体，力求得体，合乎规范

文体不同，对文章的要求也不同。一般说来，记叙文要生动形象，能表达作者鲜明的爱憎之情；议论文要论断准确，逻辑严密；说明文要清楚明晰，让人一目了然；应用文要合乎款式，简洁明了。因此在文章修改中，一定要注意这篇文章是何种文体，它是否符合该类文体的写作要求，千万不能写出既不像记叙文，又不像议论文、说明文的"四不像"文章来。

5. 修改时应注意保持文面整洁，不可忽视小处

由于受时间限制，文章特别是限时文章和应试文章，推倒重写的可能性不大，有时连重新抄录的时间都没有，这样，除了写的时候要谨慎外，在修改时也要避免大涂大抹、大的移位。可改可不改的地方，不必去改，非改不可的地方要将原字词句轻轻划掉，在两行间空白处改正，力求保持卷面的整洁，因为卷面给人的是第一印象，字迹潦草，卷面脏乱差，让人见而生厌，哪有心思去仔细阅读？而字体端正、卷面整洁，却能让人赏心悦目，一见倾心。

此外，有些小的地方也应给予高度重视，如不写或少写错别字、不用错标点等，如果在这些小地方出错，会让人很觉得倒胃口，影响文章质量。

2.2 标题的写法

标题，是标明文章、作品等内容的简短语句，一般分为总标题、副标题、分标题。常言道：看书先看皮，看报先看题。标题可以使读者了解到文章的主要内容和主旨，如图2-1所示。

2.2.1 悬念式

悬念式标题非常易于理解，即话说一半，隐藏相对来说比较重要的信息，引起他人的好奇。几乎每一个标题都是悬念式标题，重点是如何找到这个悬念！这个最吸引人的点，是最重要的。

1. 人物

举例：

吕雉逃难时，一直不缺男人"照顾"，最终这个男人被

图2-1 标题案例

刘邦直接封侯！

解释： 描述了吕雉出轨，刘邦被"绿"，但是这个隔壁老王是谁？表面上看，这个人绝对没有吕雉、刘邦更有知名度，但是他"绿"了刘邦，睡了吕雉，那大家肯定想知道这个人是谁？

这个女人嫁给一个无赖，多年后无赖当了皇帝，她却有了别的男人

解释： 无赖却当了皇帝，嫁给皇帝却爱上别人？无赖是谁？谁又成了皇帝女人的男人？

2. 事件因素

举例：

韩国支持者要求释放前总统，竟把广告打到美国去，这是啥操作？

解释： 人物：韩国前任总统。事件：支持者要求释放。结果：广告打到了美国。隐藏了起因，以及造成的反响、最终的结果。

Uzi 不配去全明星？墙倒众人推，票数占比暴跌！若风彻底怒了！

解释： 人物：Uzi，事件：粉丝认为他不配去全明星，票数暴跌。结果：若风很生气。网友为什么认为他不配？若风怒了之后做了什么？

2.2.2　目标指向式

目标指向式是指在标题中直接向目标用户喊话，这些人就会不由自主地认为"是在说我吗？"他们会情不自禁地去单击查看这家伙到底要说我什么坏话？这家伙怎么知道我有这个情况？作者怎么解决我正困扰的这个问题？你就一下子站在了受众读者的立场上，跟他一道去解决问题，所以你的文章也就写到了读者心坎里。这样具有目标指向性的文章标题用一次开心一次。

例如：《那些整天熬夜加班的人注意了》《敬那些正在默默减肥的人》《写给那些被英语困扰了很久的人》《要考四六级的小伙伴看过来了》《给被莫名其妙地被小孩喊"阿姨"的你》《家里有不吃青菜的小朋友的家长看过来》《喜欢喝黑咖啡的人注意了》……

以上几个标题中有很明显的目标指向性，假如你是上述群体中的一个，有一样的困惑，会不会忍不住打开文章想看到答案呢？这个方法正是站在受众的立场上指出了受众群体的一个痛点，他会觉得你在帮他出点子想问题，点击率自然而然就来了。

2.2.3　数据式

严谨的学术论文，尤其是自然科学领域的学术论文离不开大量数据的支持。随着大数据技术的兴起，新媒体作品对数字的重视程度远高于从前。数据式标题最大的特点就是用数据说话，而不是凭空给出一个结论。

由纯文字组成的文案标题有很强的主观性与模糊性，观众一时看不出结论是怎样推理出来的。数据式标题则能给人一种精确感，让人马上联想到文案标题的观点是从统计数据总结出来的。这就让广告文案的说服力大大增强了。

文案实例：

禁止未成年人吸烟的公益广告：

我还未成年，不能吸烟。

我只有 17 岁，不能吸烟。

分析： "未成年"是一个宽泛的概念，1 ～ 18 周岁都可以算作"未成年"。"17 岁"则是一个具体的概念。当你听到这两种不同的描述时，后者会让你把心目中那个拒绝吸烟的未成年人的形象跟现实中认识的 17 岁少年少女的样子联系在一起。引发读者的联想才能让广告信息更容易被理解和记忆。

数据式标题的写作技巧如下。

（1）标题中的数值越大，文案的传播范围越广。

例如，用"7 个做……的理由"作标题比用"3 个做……的理由"更让客户感兴趣。因为这会让客户认为你的文案信息量很大，不是那种粗制滥造的东西。

（2）数据用阿拉伯数字比用汉字数字更抢眼。

例如，在"七个做……的理由"和"7 个做……的理由"两个标题中，后者能让你第一眼看到数据。因为"七"是汉字，"7"是阿拉伯数字，汉字在一堆汉字中就不会很显眼，阿拉伯数字在一堆汉字中则一目了然。

（3）把数字放在句子开头的效果更好。

例如，"7 个让你快速练出肌肉的办法"比"让你快速练出肌肉的 7 个办法"更引人注目。因为读者总是对自己最先接触的信息印象深刻，把数字放在前面有助于突出重点。

2.2.4 对比式

没有比较就没有伤害，人世间的痛苦往往来源于比较。例如，你看人家孩子多听话，看看人家老公多会赚钱，看看人家媳妇多贤惠；你跑十千米需要 60 分钟，我早就 45 分钟了；你还在租房子，我早就在北京买了三居室了；你连孩子都要不上，我早就儿女双全了；你天天加班到晚上十点，我早就游遍全国各个省了。这就是对比的力量，差距马上凸显，对人的冲击力也马上显现。

可以是两个对象的对比，一个好的一个坏的；也可以是不同时期的对比，以前怎么样，现在怎么样；也可以是数量的对比，以前点击量低，运用套路后迅速增长；也可以是两个空间的对比，在中国怎么样，在美国怎么样……这样的例子不胜枚举，其核心就是两个对象就某一标准进行比较，通过差异比较大来给读者造成一种心理冲击。

案例一： 他用一年半从新媒体小编到年薪 50 万元副总裁，他说现在你也可以

点评： 这个标题是一种地位的比较，即小编和副总裁。这个标题还有一点不足之处，就是年薪数字的前后对比没有，如果说从年薪 5 万元小编到月薪 5 万元副总裁，形成三重对比，时间、薪水、职位，效果可能会更好一些。故事就是讲了一个典型的普通人逆袭的故事，从新媒体小编逐步成长为公司副总裁。

案例二：因为 10 元钱，我错过了 1000 万元

点评：这个标题属于代入性的，以第一人称给人一个场景感，然后对比强烈的是金钱的数字，相差了百万倍。文章属于励志故事，就是说能提前准备的、提前投入的，就不要嫌麻烦，否则失之毫厘差之千里。

案例三：他只有 5000 多粉丝，为何却赚了近 100 万元？

点评：粉丝不多，赚钱不少，这是很多从事自媒体行业的朋友最想达到的理想状态，因为大家的情况大多是粉丝不少，收入不多，自己就会主动融入对比了。这篇文章讲的就是定位精准用户，提高专业能力，给用户带来好处，自然就会产生这样的效果。

对比式标题的使用，总体来讲效果还是比较好的，应当注意的一点是，一定要选择好的参考标杆，就是你用的是什么尺子来对比比较对象，好的标尺会让标题更加出众。

2.2.5　逆向思维式

逆向思维式标题就是挑战人们的常识，冲破受众一贯的思维定式，另辟蹊径，给其带来意想不到的结果，或颠覆，或怪异，或新鲜，或惊讶……不按常理出牌才能制造出独特的亮点，给早已审美疲劳的受众带来认知上的巨大冲击，进而激发其阅读兴趣。

例如：

挥汗如雨未必有益健康

吃一堑未必长一智

饥饿减肥法对健康无益

这种标题常常跳脱出正向的思维逻辑，从反面出发，同样能够取得正向思维式标题的影响力。

2.2.6　借势式

借势式标题，其实就是借势热点，在标题上添加一些社会热点，如明星、热门事件、热点话题、新闻时事等关键词，借助热门事件来为文案造势，吸引受众的眼球，从而增加点击量和阅读量。人们对于热点的关注度一般比较高，这个时候如果合理借势热点，能增加内容热度，获得不错的流量，为成为爆文带来更大的可能性。同时还可以利用名人效应，关注名人的生活、学习与工作等。例如《龚俊强推的减脂小零食》《李静蕾揭穿"好男人"真面目，女人在婚姻中该如何保持自己的地位与尊严》。

1）借助名人或名牌效应

利用名人吸引眼球，例子：震惊！这家 70 人的小公司让马云都坐不住了。

借助不同类型的名牌，例子：巧克力中的"爱马仕"。

借助同类型头部产品，例子：同样的健身 App，它相比 Keep 到底牛在哪里？

2）有冲击力的词句

借助各种亮眼的数字，但注意一个标题里，不能超过三个数字，例子：专家告诉你必须记住的 3 个瘦身秘诀。

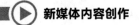

也可以借助一些识别度高的词语，例子：震惊，实锤，哭了，等等。

3）对号入座

在内容中明确指定特定读者群体，能够增强代入感。例子：第一批90后，已经不会发朋友圈了。

2.2.7　标题创作的误区

在软文标题的设计和创作中，除了应围绕产品和用户两方面进行重点推广外，还需要防止步入误区。否则，非但软文质量本身受其影响，还会破坏营销推广的实际效果。在实际操作中，软文标题经常容易陷入下列误区。

1. 过分夸大

软文标题的设计创作，应该符合市场实际。这同软文的宣传性质并不矛盾。

例如，某摩托车品牌的软文标题为《真男人，就该有一辆摩托》，恰如其分，充满感召力而并不浮夸嚣张。反之，如果改为《没有自己的摩托？做男人太失败》，就显得过分自大而忽视现实，容易让潜在用户群体产生反感。

2. 强行宣传式

软文标题需要号召力、感染力，也需要鼓动和激情。但标题写作者不能自命不凡，将用户看作缺乏独立思考的主体，直接为他们进行角色设定和选择推断。这种强势做法反而会适得其反。例如，某款橄榄油软文标题为《去不了地中海，但可以选用××橄榄油》，这款标题会形成逆反效应，读者会不由自主地想到，为什么我必须要去地中海？你怎么知道我去不了？另一种可能是，读者明明去过地中海，则更会对此标题不屑一顾。

除了上述误区外，软文标题还应防止名不副实、歪曲事实、违背社会主义精神文明、对生命欠缺尊重等问题。软文标题需要追求眼球效应，但营销团队也应重视长远利益，否则即便短期内吸引了大量消费者，也会导致未来营销信誉度的下降。

2.3　开头的写法

作为如今软广告的主流，软文在生活中已经很普及了。但是，在软文数量增多的同时其质量却不能得到很好的保证，致使很多人在看到一个开头后，就没有继续看下去的心思了，所以说引水方知开源不易，一个软文广告的成败取决于文章的开头。

2.3.1　故事式

故事式开头，就是开篇讲述一个引人入胜的小故事，用叙述性的语言，把情节表述清楚，然后由这个故事引出文章的论点或论题的一种方法。用故事开头，既丰富了文章内容，又能自然而然地引出观点，并能激发读者的阅读兴趣。用情节生动、内容新奇的故事作为演讲的开场白，吸引听众的关注。

新东方创始人俞敏洪是讲故事的高手，他曾经说："我觉得人类最重要的能力，其实就是编一个确实你认为能够实现的故事，并且有益于所有人的故事，并且带着大家一起去实现，我觉得这是人类的最好的一个结局。"

所以在他每次的演讲中，总是故事一串串。

马云更不用说了，靠着讲故事，阿里巴巴走到了今天，他的很多名言都被奉为金句。那么，应该选择怎样的故事来作为开场呢？

首先要求故事有典型性，典型的故事不仅能将演讲者的观点、情感、思想不动声色地融入故事里，而且能将听众引入一种忘我或共鸣的境界，有利于他们更好地接受演讲主题。

需要注意，故事要短小精悍，有针对性，故事内容为演讲主题做铺垫，要与主题密切相关。

运用故事开头的手法，需注意：

（1）要精心选择故事，以利于观点的引出。

（2）因为故事仅是一个由头，所以叙述不宜过细，篇幅不宜过长，能引出观点就行。

一个故事可以从多角度理解和诠释，在叙述时就要重点突出能够引出自己观点的那一个侧面，使观点的引出水到渠成。

2.3.2　悬念式

悬念式开头，就是设置一个或一连串的谜和钩子，埋下伏笔和疑问。这种开头的优点就在于激发读者的好奇心和探知欲，期待能够去解开谜底。悬念一般是出乎人们意料或展示矛盾，或让人迷惑不解，它能够造成读者心理上的焦虑、渴望和兴奋，只想打破砂锅问到底，想知道究竟发生了什么，想把谜底揭开一探究竟。

1. 困境悬念法

困境悬念法：截取故事中一段矛盾冲突的情节，设置悬念。

举例：

中秋节的晚上，妻子挺着五个月的孕肚，一边抚摸着肚子，一边跟腹中的孩子轻柔地说话，满脸母爱，却根本不理丈夫。这时，丈夫突然半跪在妻子的面前，抱着妻子哭求妻子打掉肚中的孩子……

一篇故事会有冲突会有矛盾，故事主人公处于困境之中，或者是环境的困境，或者是生命的困境，或者是情感的困境，或者是关系的困境，或者是心灵的困境等。

这些都会导致矛盾冲突，困境中常常需要做出选择，有的时候无论怎样选择都可能导致不好的结果，这就产生了矛盾和冲突。困境悬念法能够引发读者为故事主人公担忧的紧张心理，吸引读者关注主人公命运，提心吊胆地看下去。

这个开头就是截取了故事当中一段矛盾冲突的情节，从而埋下疑问：中秋团圆的晚上，丈夫却要求妻子打掉已经怀了 5 个月，成了形的胎儿，到底是为什么？妻子怀胎 5 月，跟腹中的孩子轻柔说话，她分明深爱孩子，那面对丈夫要求打掉孩子的困境，她会同意吗？腹中胎儿的命运将如何？是丈夫有了外遇被第三者逼宫，要跟孕妻离婚，还是种种疑问，都让读者为故事主人公担忧，捏了一把汗，吸引读者关注人物的命运。

孕妻突然查出患了癌症，必须要打掉孩子，进行手术放化疗治疗保妻子的命？这种主人公的结局，往往都有着非常强烈的冲击力，吸引着读者，急切地想了解原因，想知道在主人公的身上到底发生了什么事情，造成了这样心痛、不可思议的结果。有记者采访写案件类故事时，就经常使用这种方式。因为案子首先知道的就是故事或者主人公的结局，但为什么会发生这样的事，主人公的身上到底出了什么足以扭曲人性的变异，这正是吸引人们去采访去关注的原因。所以以点出结局来设置悬念，就像被吸引采访案件一样，它也会吸引读者强烈的阅读兴趣。

2. 倒叙悬念法

倒叙悬念法：点出故事或主人公的结局，设置悬念。

举例：

学校老师早晨上班，一进行政楼就闻到一股浓烈的焦煳味道，学校保安一层一层地查找焦煳味的来源，发现味道来自行政楼被废弃的电梯井。保安在底层打开了电梯井，结果发现一具被烧焦的尸体，立刻报案。经警方调查、DNA 比对，死者竟是失踪了一天一夜的校长。

这个开头就是首先将结局告诉了读者，失踪了一天一夜的校长原来死了，死在学校废弃的电梯井里，尸体还被烧焦，面目全非。虽然开头给出了结局，却留下有强烈冲击力的悬念，读者更加强烈地想知道校长是自杀还是他杀？若是他杀，是谁在哪儿杀的校长？为何抛在校长主政的学校的电梯井里并焚尸？是什么仇什么怨让杀人者采取了如此极端而残忍的方式？这些悬念会让读者不断脑补猜测原因。每一个人都是一个充满好奇心的个体，当你引发了他的好奇心后，他会去追寻以证明自己的猜测是对的还是错的，这就必然会吸引他们读下去。也就是说，故事中的事或人行事行为反常，让故事主人公或者读者迷惑不解，从而吸引读者，跟着作者一起去寻找答案。

3. 反差悬念法

反差悬念法：以故事中的事或人出乎预料、行为反常、不合逻辑的强烈细节，设置悬念。

举例：

国庆长假第一天的晚上，小兰正在清洗饭碟。老太太卧室内传来"咚"的一声，保姆小兰吓了一跳，顾不上老太太不准进她卧室的禁令，奔了进去。老太太手拿话筒摔倒在地，小兰想扶老太太，却被老太太猛地推开，厉声要她出去。小兰一个趔趄，碰到床头柜上的电话，顿时惊讶地睁大了眼睛：半年来，老太太每晚都要给女儿打一个多小时嘘寒问暖的那部电话，根本没有电话线！

也就是说，故事中的事或人行事行为反常，让故事主人公或者读者迷惑不解，从而吸引读者，跟着作者一起去寻找答案。上例中这个开头给人的感觉就是非常强烈的反常，老太太反常的行为情节制造出了悬念，让故事主人公迷惑不解，同样也让读者不解，由此吸引着读者，跟着文章寻找答案：老太太每晚装作打出去的电话真相是什么？她女儿在哪儿？是她们早已反目成仇，老太太想念女儿又得不到谅解，只能每晚假装打电话自说自话？还是女儿已离开人世，老太太是个失独老人？也更想知道此后老太太与小兰之间发生了什么故事，是小兰想方设法修复了母女俩的关系，还是小兰用温情陪伴着失独老人？

以上是常见的设置悬念的方式，也是我们在长期写稿编稿过程中总结出来行之有效的实战经验和独门秘籍，相信对读者写稿一定有帮助。

2.3.3　提问思考式

文章一开头，就把所写的主要内容，以问题的形式提出来，引人注意，发人思考，这种开头方法就叫提问思考式开头法。

提问思考式开头法有以下优点。

（1）可以激发读者阅读的兴趣。

作者首先提出问题，紧紧抓住读者的思维情绪，读者势必要寻求答案，那么，他们就会急切地想阅读下文。

（2）提问思考式开头娓娓动听，能够增强文章的感染力，使文章增色生辉。

（3）以提问思考式开头，可以避免呆板化，使文章生动活泼，饶有情趣。

提问思考式开头的写法多种多样。从问的对象来看，有对象明确的，也有不明确的；有自问自答的，也有问而不答的；有开头问文中答的，也有开头问结尾答的。如果从问的语气来看，有疑问语气的，也有反问语气的。总之，如何问，问什么，要根据文章的内容和题目来确定，要做到问得有价值，问得合乎逻辑而又恰到好处。

运用提问思考式开头法，起码要做到以下几点。

（1）要深入研究所写文章的题目和所要表达的内容，把握中心和重点，使问话问到点子上。

（2）要熟知读者的心理，了解和掌握读者的心理活动，并能预测读者最感兴趣的内容，预计读者疑惑的是什么。了解这些后，所提出的问题便能问到读者的心坎上。

（3）要精心选择问句的方式，努力做到恰到好处。对读者不疑惑但容易引起注意的问题，要采取自问的方式；读者疑惑而自己不疑惑的问题可采用问读者的方式，但语气一定要委婉，以免引起读者的反感。特别重要的问题则可以选取设问的方式，又问又答。

其实，写文章并非有固定的模式，我们所说的提问思考式开头，只是总结了青少年写作开头的基本情况，少年朋友写作可以参考借鉴。熟能生巧，写多了，练多了，自然就总结出经验来，写文章也就不难了。

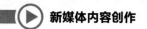

2.4 正文的写法

论文正文是文章的核心部分，一篇文章的价值和水平通过正文部分完全可以体现出来，正文通常包括引言、本论和结论三部分，但其实内容是一样的，只不过有不同的细分程度。而正文的结构通常包括总分总式、盘点式、递进式、穿插回放式、片段组合式等。下面分别进行介绍。

2.4.1 总分总式

如图2-2所示，总分总结构的文章的意义：开头的"总"要么提出话题，要么提出观点。例如《终身成长》这本书，开篇可以写：拥有成长型思维才能有更好的人生。把观点先提出来。也可以用更好的手法把观点引出来，例如，你是否发现身边的人经常爱生气，是否急于证明自己很优秀，常常觉得自己被同事、领导冒犯，而且会进入恶性循环，觉得全世界都是敌人。你知道该怎么办吗？今天向你介绍一种思维模式——成长型思维，这可以帮你解决所有问题。

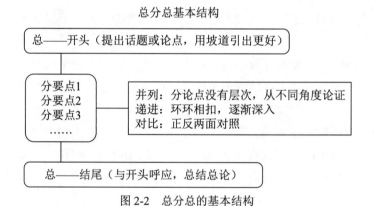

图 2-2　总分总的基本结构

我们需要把观点首先在开篇讲出来，结论先行。然后再用"总分总"中的"分"来证明开篇提出来的话题或观点，"分"有哪些注意点呢？

（1）不管是怎样的"分"，都应该在"总"的统摄之下，为"总"服务。

例如，开篇说的是成长型思维，分段落中就不能写其他不相关的内容，如果写成：妈妈爱我是因为我很乖，这就和成长型思维一点关系都没有。如果写"成长型思维的人注重更多的是自身成长，而不是所取得的成绩，就像乔丹……"就和观点很契合。

（2）"分"可以是并列、递进、对比关系等。

1. 并列关系

并列关系是指文章各部分的内容没有主次轻重之分。

例如，培根的《论读书》中，三个部分分别谈到了读书的目的、读书的方法、读书的好处，就是采用并列的结构。

我们写《终身成长》，可以从学习、工作、育儿、夫妻这几个角度来写成长型思维的好处，就是采用并列结构。

2. 递进关系

递进关系是指文章中的几部分内容逐层深入。

例如，《不求甚解》一文中，先从"不求甚解"一词的来历谈起，分析了陶渊明的读书方法，首先要"好读书"；二是主张读书要会意；再从正反两方面举例说明，读书应当重在读懂书本的精神实质，而不是寻章摘句；最后进一步从正反两方面论证了读书"不求甚解"的重要性。

写《终身成长》就可以围绕如何养成成长型思维来写，从先认识，后接纳，再改变，最后教孩子，帮别人，再复利自己层层递进，这就是递进关系。

3. 对比关系

对比关系是指文中两部分内容或进行对比，或用这部分内容烘托另一部分内容。

例如，鲁迅先生的《中国人失掉自信力了吗》一文中，前一部分反面批驳了敌论中的论据不能证明论点，即中国人失掉的是"他信力"，发展的是"自欺力"，而不是"自信力"，直接批驳了敌论；后一部分从正面列举事实，提出正确的论点，我们中国人没有失掉自信力，间接地批驳了敌论。

写《终身成长》可以先从"固定思维"说起，解释一下这个思维是什么意思，用案例来支撑一下，例如麦肯罗。然后写上承上启下的句子，例如"然而还有一种思维叫成长型思维……"，对成长型思维进行论述，这就是对比关系。

最后结尾的"总"一般是重申观点或深化论点，例如，开篇提到的话题是成长型思维，结尾就可以写成：你的思维方式里，藏着你的未来，成长型思维是我们拥有更好人生的利器。

然后再加深一下这个观点——希望大家能够努力地觉醒自己，成为一个拥有成长型思维的人，少了点焦虑、多了点平和、少了点锐气、多了点成熟。

这样就是一篇比较合格的总分总的文章结构。

相对于"总分"的结构方式，"总分总"的结构在结尾处对文章整体内容作以收尾、总结，与开篇内容遥相呼应，使文章脉络互相贯通，各部分各有特点又紧密联系。

2.4.2　盘点式

如何用盘点式写新媒体文章？盘点式，又称盘存法，是根据账簿记录对各项财产物资进行实地清查盘点，以确定账存与实存是否相符的一种方法。

这个解释是财务层面上的，如何将它运用到文章里呢？甚至运用它，让你的文章大放光彩，成为爆款呢？例如，"想学好文案，这些网站你必须看""新媒体营销学习网站推荐"等，人们经常会看到这类的文章，这就属于盘点式的初阶版，常见于信息流平台。

这个方法的一般套路有：明确受众，知道他们需要什么样的内容；在盘点资源时，对每个资源的优点和用途做详细介绍；在盘点中，植入产品，维持相同比例的笔墨。

1. 盘点式的基础思路

盘点，就好比用一根绳将单个挂饰串联起来，组合成一件饰品。那这根绳子，便是盘点式文章的立意，也就是中心。单个挂饰，便是盘点式文章里的"点"，也就是论据或故事，支撑中心成立的论据。

例如，"想学好文案，这些网站你必须看。"在这篇盘点式文章里，"想学好文案"便是这根绳子，它确定了这篇文章的中心，还有目标用户。"这些网站"便是那些单个挂饰，它们全程是围绕"想学好文案"进行的，也许它们属于不同类型的网站。

在基础思路里，"绳子"是文章构思的前提、文章形成爆款的先决条件。你会看到雷同的故事千千万，但却可以形成不同的"立意"。在下笔前，要先想好绳子。"想学好文案"这个立意就过于宽泛了，它给人的感觉会很水，阅读量稍多的用户很难打开这篇文章。假如进一步细化呢？

"想学好产品详情页文案"等，也许乍眼一看，目标用户群体窄了，但立意和定位更清楚了。当然，"立意"窄或宽有很多客观因素制约，例如，编辑的阅读水平等。但是，在盘点类的文章里，立意是基础。这个立意一般都会是标题的结果，如"想学好××"。

盘点式适用于所有行业，文案初阶者也能获得不错的效果，而且盘点式还可以让用户主动替你传播。

2. 如何让盘点式文章具有传播价值

为什么同样都是盘点式文章，阅读量和传播力却有着天壤之别？

例如，盘点式文章"无锡及周边41个景区近期免费、半价了！！！""再过一个月，无锡简直就是人间仙境！"

第一篇文章主要盘点了优惠的景点，第二篇文章主要盘点了无锡美景。这两篇文章在7天内的阅读量仅相差1倍，区间不大，但是内在逻辑却不同。人间仙境那篇公众号会话打开人数和次数明显低于景点优惠；但是它在朋友圈被打开的次数和人数几乎是景点优惠文章的两倍。这样下来它的阅读量比景点优惠高一倍，也很容易知道是什么原因了。

从这两篇文章的对比中可以发现，优惠版盘点式文章，一般属于"点对点"传播，也就是朋友间分享，很少人会转发到自己的朋友圈；非常宽泛和浅显的盘点式文章，也很难被转发至朋友圈，甚至都不会被打开。

但利益弱、让人有美感惊艳的、话题感强的盘点类文章，却很容易被人转发至朋友圈；还有深度类的盘点式文章，也很容易被人转发。

了解品牌形象的读者，很容易理解。对于我们个人，也是需要塑造个人品牌形象。从这个例子可以看出，在提笔之前，要想清楚，这篇文章是要第一时间触达到更多人，还是更多人帮你分享到他的朋友圈？

想要更多人分享到朋友圈，第一点，立意需要能做到可以升华个人美感或深度的形象塑造！

其次，就是"挂饰"，一定不能粗糙，它们需要被精心打磨和设计。这主要在文笔、图文、文风等几个方向，进行打磨。

这类文章的特点如下。

（1）文字细腻动人，闭上眼睛，能让人想象出画面。

（2）配图必须是美的，这种美需要有故事，而不是空洞的，结合文字，让人能看到一个个场景或故事。

（3）假如图文让你自己都没有感觉，就需要调整。

（4）排版颜色不超过两种，以浅色调为主，元素简洁大方，字间距为 0.5 ～ 1，行间距为 1.75 左右，这样的排版会给人干净、眼前一亮的感觉。

（5）一般会选择在 19 点左右推送。

爆款盘点式文章的"论据"，都是需要被精心打磨的。最后一点很重要，盘点式文章需要编辑灌入真情实感，敷衍的盘点，人们是能感知的！

2.4.3　递进式

1. 概念诠释

在论证思路中，由浅入深，层层深入，步步推进，这就是递进式结构。它的特点是对各层的前后顺序有严格要求，不能随意变更。

递进式结构有两种表现形式：一种形式是议论文采取先提出问题，再分析问题，然后解决问题的思路，即体现了层进式结构的特点；另一种形式是分论点之间的关系不断递进，论证的层次向纵深展开，一层比一层深入地揭示论题的内涵，使中心论点得到深刻的阐发，它们的先后次序一般是不可以互换的。意思是一层一层先后蝉联的。

2. 方法引领

1）按议论步骤递进（递进式结构）

议论文一般按"是什么，为什么，怎么样"（即"提出问题—分析问题—解决问题"）的步骤来写作，环环相扣，逐步解决议论文的三个问题，这其实是一种递进关系。可以集中笔力写清楚任一方面，也可以三方面都进行全面详细的写作。一般说来，如果道理简单，显而易见，无须详加论证，则可在"怎么样"上多做文章；如果"怎么样"的问题众所周知，则可在"为什么"上多做文章，"怎么样"可一笔带过或干脆不谈。

以话题"人生的加减法"为例，可以按如下顺序分解。

（1）是什么：面对人生的加减，要加一点自然的清逸野气，减一点人工合成的矫揉造作。

（2）为什么：因为物欲横流，社会需要抵制诱惑，坚守真实的自我，拒绝庸俗，追慕高尚。

（3）怎么样：既要有出世的隐逸，又要有入世的积极。

一般亮明观点之后展开的思路有两种走向：如果观点是肯定判断，那么就要从重要性、必要性角度论述，如观点是"我们要培养节俭的美德"，那么就谈"节俭"的重要性、必要性。如果观点是否定判断，针对某些不好的现象，分析其危害，挖掘其产生的根源，指出解决问题的办法。即"摆现象—析危害—挖根源—指办法"。如观点是"这种赶时髦的做法并不好"，那就要讲"不好"的理由，或"赶时髦"的危害性。

2）按论点内涵递进（并列递进式结构）

这是就论点的内涵方面而言，论点内涵本身呈递进关系，主要表现在对事物的理解程度，从表面进而认识到事物的本质，将中心论点进行分解，分成几个分论点，这些分论点之间的关系是由浅入深、由简单到复杂。层间可用诸如"不仅……而且……""……况且"等关联词语过渡，同时又以此反映层次间递进的关系，由浅入深，层层推进，最后深刻地揭示出事物的本质。

例如：严于解剖自己。

（1）要不断进步，必须无情地"解剖自己"。

（2）论述如何才能"解剖"好自己。

①对自己要有自知之明（这是"解剖"好自己的前提。不了解"病"在哪里，就无从下刀）。

②有了自知之明，还要勇于自我批评（这是解剖好自己的途径。不开刀，就无从去"病"）。

③自我批评的勇气来源于对真理的追求和崇高的信念（这是解剖好自己的关键。不掌握开刀的规律，刀就开不好，也就难以真正去"病"）。

2.4.4　穿插回放式

穿插回放式记叙类文章，利用思维可以超越时空的特点，以某一物象为线索，将描写的内容通过插入、回忆、倒放等方式串联组合起来，形成一个整体的文本。写作的关键是选好串联的物象，并围绕一个中心截图（要学会截图，即选取生活中的材料）。

这种方法的模式为：①开头（交代物象，引出材料）→②发展（引出材料）→③高潮（引出材料……）→④结尾（抒情、议论）。例如：

钢笔人生

走进考场，我首先将一个精致的钢笔盒子放在座位的右上角。望着它，我思维的野马在记忆的原野上奔驰……以前，妈妈经常自豪地向亲朋好友炫耀，说我"抓周"的时候抓的就是钢笔。从此，父母对我的前程便充满了憧憬。"钢笔"便注定与我的一生结下渊源。

（作文的开头，交代物象及与"我"的人生关系）

带着幸福的憧憬，父母亲高兴了好多年。从幼儿园到小学，我的成绩在智力正常的孩子中还算不错。我还会时不时地抓着钢笔做刻苦学习状，引得父母那带点虚荣的希冀像气球一样膨胀起来。进入小学，我开始恨钢笔了。因为像山一样的作业压得我喘不过气来。钢笔不再给我带来快乐。我的成绩随着小学毕业的临近而从优秀降到中等，再降到中下。感谢《九年义务教育法》让我顺利地进入初中。然而成绩却丝毫没有起色。为了我，父母的争吵愈来愈多、愈演愈烈：那种伤心明明是看着一位神童毁灭或天才堕落的伤心。我无暇顾及父母的伤心，因为我正沉迷于网络游戏之中。网络游戏可比钢笔有趣得多啦！初中三年，一眨眼就过去了。我虽然没有坏到哪里去，但自然也不是父母骄傲的"神童"。其间，我常常不自觉地用精彩的游戏镜头驱赶父母失望甚至痛苦的眼神。我知道父母每年在我生日的时候都会给我买一支精致的高级钢笔——它们正整整齐齐地排列在父亲略显空荡的书架上。但我却不敢正眼看它们，甚至尽量不去父亲的书房。在父亲失落的目光中，我以"择校生"的身份走进了一所"全封闭管理"的学校。"全封闭管理"，这意味着我每五天半才能和我心爱的网络游戏幽会一次。果然，不到三天，我对游戏的渴望就像犯了毒瘾一样难以控制。更为恼人的是，班主任是个语文老师，要我们用钢笔书写，还说出了一大堆理由——虽然我一句也没记住。然而，改变我的也是一支钢笔。

（转折过渡）

那应该是开学后一个多月了。对陌生环境的新鲜慢慢散去，压抑在心底的顽劣就冒出来了。看班主任那憨厚的模样，应该不难骗倒他吧！我随便编了个理由去请假，他却随手就给我签了字。第二天，我按时回了校，却因为通宵熬夜实在打不起精神，以致语文课我都听得"摇头晃脑"。晚自修放学的时候，老师把我叫去了。我迅速制订了"低调"应对的策略。但老师的话却让我大吃一惊。"你昨晚去网吧了吧！"我哆嗦了一下。"你喜欢电脑，很好。我拜你为师，以后犯瘾了就去我家上。"他语气平和得让我感觉像是在布置一场阴谋。接着他掏出一个精美的盒子递给我。"这是我的拜师礼物，因为你是全班唯一还在用圆珠笔的人。"我的小聪明让我根本来不及反应，他就握住我的手——分明是狠狠地握了一下，一股热流迅速传遍了我的全身，等我抬起头，想说什么时，老师已经不见了。那一晚，我又没睡好。谁说毒瘾戒不掉呢？只是人们没有找到有效的方法而已。

（这种方法要突出感人的细节，把故事的发展和高潮要写得跌宕起伏，才有品位）

三年过去了，我的学习成绩已经远远超出了我玩游戏的水平。今天，我第一次使用老师送给我的钢笔，我要用这支笔换一张中山大学的通知书送给我的老师。明天，我还要用这支笔创造更多的财富送给社会。钢笔，果然是我生命的一部分。

（结尾要干净有力，寓意深刻，还要注意照应开头）

2.4.5 片段组合式

这种方式就是选择生动的、典型的片段，并有机地组合起来，共同表现一个主题。用这种方法构思的记人叙事的文章，可以在较短小的篇幅内，立体而多角度地表现文章主旨。

这种形式的软文，具体是指根据要表现的主题需要，选择几个典型生动的人物、事件、景物等片段组合成文，主题是文章的灵魂，是串联全部内容的思想红线。

因此，所选取的片段，都要服从于主题。

这种形式的软文布局一般为：总分总布局，主体部分一般由 3～4 个片段构成，开头和各个片段、结尾互相呼应，各自独立又彼此关联。一般此类软文有下面三种撰写方式。

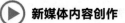

1. 时间式

以时间为主线，记叙每个时间段中的主要事件，而将其他内容作为艺术"留白"，留给读者去想象。例如，可以围绕"五岁—十岁—十五岁""童年—少年—青年"等时间段撰写人生经历或者事件。

2. 排比式

在文章中将事件、人物等进行排比式罗列，例如"汽车—日产—本田—奥迪—大众—奔驰—结尾"，头尾呼应，中间片段的重要性都是相等的。

3. 正反对比式

通过正反两种情况对比分析来论证观点的结构形式，通篇运用对比，道理讲得更加通透，局部运用正反对比的论据，材料更有说服力。

在使用正反对比式软文时，要注意的是：

（1）正反论证要有主次，若文章从正面立论，主体部分则以正面论述为主，以反面论述为辅，反之亦然。

（2）围绕中心论点选择材料，确定对比点。

2.5 结尾的写法

软文的开头需要有吸引力，那么软文的结尾就是文章价值力的体现了。一篇有着引人入胜的软文，一定要有一个引人深思和回味的结尾。那么具体如何撰写软文的结尾呢？

2.5.1 神转折

转折发生在任何一种篇幅的故事中、新闻里。例如，看这个新闻标题《少女发现被拐卖后反将人贩子卖掉》，本身就是一个神转折，让人一看就想立刻打开正文看看到底发生了什么。普通开头＋神转折结尾，同样也是小说家们非常喜欢的书写手法。

就像某些娱乐圈明星的事件，我们所能看到的那些网络上的是是非非，谁对谁错，我们从哪里看的？看到了什么？我们是被事件的走向带着走？还是我们拥有批判性思维？还是我们就冷眼旁观添油加醋一次次地转折，让事情更发酵？

所以你看，每一个我们看到的事件里，都充满了未完待续，如果未完待续里有激发人们大脑去随之一次次感受到刺激和乐呵的转折，便是吃瓜追剧的开始……

以转折能力著称的作者是欧·亨利，还有一个日本的连续剧《世界奇妙物语》，这个系列就以脑洞大、神转折多而出名。

转折可分为三个类型：性格转折、情节转折、结尾转折。

但是有一个地方要注意，性格转折和结尾转折，在一篇作品里最好不要用两次以上，如果太多，读者就会觉得这个作品在无限反转，审美会感觉疲劳，这也就是为什么欧·亨

下·笔如有神

艺·书·香

如果知识是通向未来的大门，
我们愿意为你打造一把打开这扇门的钥匙！

https://www.shuimushuhui.com/

清华大学出版社
TSINGHUA UNIVERSITY PRESS

图书详情｜配套资源｜课程视频｜会议资讯｜图书出版

读书破万卷　水木书苑

May all your wishes
come true

利最喜欢把反转安排在结尾。下面逐个分析转折的形成和带给读者的阅读体验。

1. 性格转折

这类转折能够让人物更加有血有肉，为人物增加深度。读者可能要问转折和给人物形象增加深度有什么关系呢？我们来看《哈利·波特》中的纳威·隆巴顿这个人物，第一部中他在火车上时给人的印象是胆小和懦弱的，之后在飞行课上他从高处坠落，摔伤了手臂，这是一个突发的剧情，又加深了人们对他性格的认知。而随着剧情推进，这个人的性格在不断转折的过程中，给人带来思考和惊讶。纳威·隆巴顿的父母都是魔法部了不起的人，他也在故事里逐渐成长。例如，哈利他们去闯关之前，他开始能够站出来维护学院的利益，这一举动让邓布利多都赞赏说这就是格兰芬多人的勇气。

到最后决战的时候，有一个转折情节，把纳威·隆巴顿这个人物的性格做到了最后的升华：学院的人在得到哈利死去的消息后开始低沉的时候，纳威·隆巴顿却终于作为反抗者的领头人站了出来，然后更是以无与伦比的勇气，举起格兰芬多之剑砍下了大蛇的头颅，最终扭转战局，更是证明了自己。

这里的转折之处在于：纳威·隆巴顿从一个性格懦弱的人，变得有勇气又有智慧，成为名副其实的格兰芬多人。

那么你在写人物的时候也可以考虑这个办法，就是在设定人物性格的时候，挑出一个比较具有戏剧性的标签，然后把这一面单独提取出来，让这个标签成为成长项。然后根据这个可以成长的标签给主人公设置性格推进情节，但是要记住，必须以原本性格为基础，不能让读者觉得这个角色的行为莫名其妙，不能缺乏成长的依据。在符合逻辑和动机的前提下，性格反转就能加深对角色的描写，以及读者对这个人物的理解。这里可能需要一些心理学基础。

2. 情节转折

情节转折是金庸先生非常喜欢用的方法。在《倚天屠龙记》里最让人瞠目结舌的转折是什么？是读者以为张翠山是男主人公，结果他自杀了，而他的儿子才是真正的男主人公，甚至是金庸武侠世界中天赋武力值的天花板。

另外还有一个例子是凑佳苗的悬疑小说《告白》。女老师森口在发现自己女儿溺毙在学校的游泳池之后选择了复仇。复仇的场景是一个平平无奇的、孩子们一起喝牛奶的上午，在喝完牛奶之后情节转折开始了。森口站在孩子们面前，在黑板上写下了"告白"二字，紧接着，她开始了关于自己的长长的剖白。她说了自己女儿的死、自己丈夫的病情，以及对于犯罪嫌疑人的猜想确定和详细的描述，最后森口告诉孩子们，确认了谁是杀害自己女儿的凶手，并且在他们的牛奶中加入了足以致人感染的病毒血液。

"两三个月后请你们一定去验一下血。据说，潜伏期通常是五到十年，在这段时间，请尽情体验生命的可贵吧。我深切地希望你们二人能够明白自己犯下的罪孽之深重，对爱美能够发自内心地反省、谢罪。还有，由于还要在一个班里学习爱，请大家绝对不要排斥他们，要用温暖的态度关爱这两个人。"

这里的转折之处在于：文章的一开始，前面大段大段的都是森口的独白，可能看得都有点云里雾里。一直到这段出现，读者可以说是豁然开朗，并被吓了一跳。原来森口老师的女儿是被人害死的，而她又选择了这样的方式进行复仇。这样一来，读者的兴趣立刻就被调动起来了，他们就很期待之后作者安排的情节发展。

所以你在写故事的时候也可以这么设置，推动情节发展的"转折"也被叫作"另一个干扰事件"，出现的干扰事件会让整个故事生机勃勃，并且是不断流动而非一潭死水的。拿《告白》来说，开头的这一次干扰事件，是整个故事第一个吸引读者注意力的地方，而且在之后还有很多转折点，不断地让读者产生兴趣，从而放不下这个故事，必须看完才能松一口气。

再看翻拍为《隐秘的角落》的原著《坏小孩》，推动情节的转折点就非常多。例如，在男主人公杀了妻子之后，却被三个孩子拍下了行凶过程，这就是一个转折点。再例如，三个孩子在少年宫和主角同父异母的妹妹对峙时，主人公却失手将对方推下楼摔死，这也是个转折点。还有当男主人公认为按照要求提供了孩子们对他勒索的钱财之后，这件事就可以结束了，但是却被三个孩子勒令要求杀人，这又是一个转折。

环环相扣的剧情转折，会让读者产生必须一口气看完的急迫感。转折，也是一个故事中主人公们对于应对事件和剧情发展的重要动力来源。

3.结尾转折

例如，澳大利亚作家泰戈特的《窗》的故事，里面有两位病人，其中一位床位靠窗，另一位靠门。因为他们的病太重了，所以每天只有那位靠窗的病人能够坐起来看看窗外，所以靠窗的那个人每天都在告诉靠门的那位，今天窗外发生了什么，窗外有什么，这让靠门的病人非常羡慕，并且产生了嫉妒：这么无聊的住院生活，为什么对方可以看到外面的鸟语花香，但是自己却不行呢？于是在某一天晚上，那个靠窗病人病危的时候，他并没有喊护士来，而是任由对方死掉。因为只有死掉了，他才有可能也换到窗口去。

当第二天靠窗病人的尸体被抬出去，他成功换过去之后，靠门病人忽然发现，窗外什么也没有，只有一面光秃秃的墙——一切都是靠窗病人编出来的。

故事到这里就戛然而止，留下这个反转的结尾和瞠目结舌的读者们。在戏剧形式上有一个名字叫打脸喜剧，就是你可以设置主人公一开始要做一件事，然后中间频频得到了与他意志相反的结果，就在他放弃的时候，他又被打脸了——这件事实现了，然而这个事情最后也有转折，并不像是他想的样子。这个剧情可以参考百老汇的经典剧作《金牌制作人》，就是一个经典的打脸喜剧。

以上就是文章中比较常见的三个反转模式，这些手法的运用，既需要广泛阅读，也需要训练。

2.5.2 融入场景式

一般文章的结尾都是结论或者抒发最激昂的感情，但也有文章采用故事或者场景式结尾。例如，写人物的文章，最后不去总结人物的优缺点，而是呈现一个人物工作或者生活的场景，将读者带入人物实际生活的环境里，留给读者极大的思考空间。

有一句话非常令人有感触："为什么你能记住书中的有些章节，因为刚好和你的经历思考契合，就像你自己在写一样。"读者们肯定有这种感觉，当重读一本书的时候，以前看过的某些章节却在此时打动了你，就是上面讲到的，和你的经历思考契合了。我们看过的书，几乎都忘掉了，这是每个人都要面对的问题。

根据"艾宾浩斯遗忘曲线"，这也是正常的。如何解决这个问题呢？

（1）温故而知新，无他手熟尔，都是重复。

相信重复的力量，把重复当作自己的信仰，看似蠢笨的办法，却最有效。一遍不行两遍，两遍不行三遍，让它嵌入你的脑回路中。直到有一天，一个和它相关的环境和情景出现时，便会自动跳出来。

例如上面讲的"艾宾浩斯遗忘曲线"，是由德国的心理学家艾宾浩斯发明的。这个概念描述了人们大脑对新生事物遗忘的规律。

泛泛地读一百本书，不如精读一本书。博学才能融会贯通，我们需要掌握大量的知识，这是另一种学习的高度。但那些"大家"，很少有人在两个领域当中做到翘楚。这就是精读一本书的意思。

在这里需要指出的是，"一本书"其实是一个领域里相关的书籍，它们是一个系统。如何做到精读呢？用文字把它表现出来。

拆解文章，读书笔记，心得，复盘，分享，上课教别人，和别的知识融合交叉创新，它就成了你的了。自己的东西，想忘都难！

（2）场景式结尾。

来吧，让我们实践一下，用自己的文字描述行文逻辑的第四个结尾：场景式结尾。

我们总结了文章的三个结尾，他们或结论或抒情，但有的文章采用场景式结尾，不总结不煽情，而是呈现一个人物工作或者生活的场景，将读者带入人物实际生活的环境里。这种结尾能给读者留下思考，也比较平易近人，让人容易接受。

例如：

在包间里，他点了两次"我的滑板鞋"，两次唱的音调完全不同，也都跟 MV 的音准合不上。他靠在沙发上，渐渐松弛，长期浮现在他脸上的惊慌和用力过猛的神色，渐渐消失了。无人喝彩，他为自己按响了屏幕上的"欢呼"键。

这段结尾没有结论，只是给出了一个场景。但正是这种平淡无奇的结尾，却给了读者更多的联想。

2.5.3　金句式

1. 结尾金句的作用

在一篇名为《焰火下的孤独，是每一个梦想必须经过的地方》的文章结尾中写道：

"当梦想照进现实的时候，每一天早晨闹钟响起的时候，是起身一跃还是翻身盖被，才是证明自己的最好答案。焰火下的孤独，是每一个梦想必须经过的地方，每一个人都一样。"

1）将读者拉入情景，回味无穷

这个结尾构建了一个为梦想奋斗人士在闹钟响起时的选择场景，立即起床代表着拼搏奋斗，翻身继续睡代表着对现实妥协不求上进。一个极具生活化的情景将读者拉入到文章中，静静深思与回味梦想与现实的关系，激励读者选择上进。

2）为文章提升格调，增加高级感

如果这个结尾换一种朴素的说法就可以变换成："要有奋斗的决心，闹钟起床不赖床，我们每个奋斗人都一样。"这种口语化的表述就显得苍白、索然无味，但是结尾提炼出富有哲理感和美感的金句，一下就让文章的层级跃迁升华。

3）引发读者共鸣，提高传播量

作者很巧妙地用了"每个人都一样"，这样就起到了由己及人、由个别现象向普遍现象推广转化的效果。读者读完文章会潜意识地感觉"没错，我也是这样"，触发了所有还在为梦想孤军奋战的群体的共鸣，增强读者转发扩散的主观能动性。

2. 结尾金句的特点

马云在 2018 年公开信的结尾中叙述道："阿里从来不只属于马云，但马云永远属于阿里。"

1）简短精练，便于传播

短短 19 个字，就表明了马云内心中对自己与企业关系的看法，核心词语"阿里""马云""属于"反复重复，强化读者记忆，几乎看过一遍就会印在脑海里。金句重在精缩，能快速、牢固地令读者铭刻在心，是金句被广泛传播的前提。

2）富有韵律感，朗朗上口

这个结尾句的特点是对仗工整，具有整齐美，而"不只属于""永远属于"让句子中有明显的停顿点，使句子读起来朗朗上口。因此设计金句时要注意"大珠小珠落玉盘"的错杂美感，可以使用长短句搭配、对偶句整合等技巧。

3）观点明确，引发深思

金句重在表达自己的情绪与观点，像这个例子就很清晰地表明了马云会为阿里奉献一生的态度，并且以否定的方式回应了网上"阿里是马云的"观点。看似简短一句话，可以延伸探寻出更多的含义。

3. 在结尾中总结金句的方法

1）注重平时积累，博观约取

任何输出前都需有大量的输入，在平时的阅读里、观影中、所见所闻中看见好的句子、段落，养成随手记录的好习惯，量变引发质变，看得多，才能总结套路、培养语感。

2）引用、化用名人名言

在一篇讨论周星驰瞬间变老的文章结尾中，"我以为人是慢慢变老的，后来发现不是，人是一瞬间变老的"就引自村上春树的经典名句，将头发花白的周星驰与为观众带来欢乐的青涩明星的强烈对比冲击感以一种浅淡忧伤的感觉传递给读者。经验欠缺时期自己写出金句确实有一定的难度，因此可以讨巧地借助一些名人名言来帮助自己跨越这个难关。

3）回归文章，加工观点

结尾的金句一定要起到对文章表达内容提炼总结的作用，因此在下笔写金句前可以重新审视自己的文章，将文章要表达的内容以通俗的方式表达出来。例如，全文想说明时间过得很快，盘点自己一生的经历，就可以写下"时间""岁月""阅历"等关键词，然后组合、加工、美化成金句，这里借用木心先生的一句结尾："岁月不饶人，我亦未曾饶过岁月。"此句意为虽然时间飞逝，但自己也没有荒废这一生。

观点确立好后，可以套用一些很经典的模板，例如，"都说……但是……""我以为……并不是……""……不只有……还有……"等。

4）使用帕累托法验证金句

帕累托原理认为80%的结果是由20%的原因决定的，意为能引起重要变化的因素反倒是少量的，金句在结尾中的作用也是如此，重精不重多。

具体做法为，若让你将自己写好的结尾删去80%，还剩下什么？如果剩下的是你构建好的金句，那么说明金句是成功的；相反，说明你写的并不是金句，需要重新归纳提炼。

2.5.4　话题讨论式

写一篇文章，我们希望让读者喜欢、认可、支持，写作只能单向沟通，需要一些特点的反馈来知道沟通效果，例如点赞、评论、分享、打赏，这些都是最直观的表现。其中我们最看重分享。写文章的一个核心指标就是看有多少读者愿意主动分享。从文章框架层面来说，结尾是框架的"封顶之作"，也是最后要完成的部分，写文章不能虎头蛇尾，搭框架也要有始有终，结尾部分可以提前规划。

（1）强化主题，提炼一句或几句话来点题，表达一下整篇文章的中心思想、核心立意和观点，也就是这篇文章最想表达的是什么，强化价值。写文章是为了创造价值，结尾处强化文章价值可以增强读者的阅读回报感、获得感、启发感。

（2）制造话题。在社交媒体上，话题就是社交币，如果结尾可以提供话题，就为读者提供了社交币，就促进了文章在朋友圈里传播。强调观点，引发站队，转发分享是一种投票行为，通过转发支持他认同、相信的观点、价值观等。引发讨论，制造话题，既创造社交币，让这个话题成为社交工具，引发读者自发讨论这个话题以促进传播。提出问题，制造参与，结尾抛出一个问题，引发读者互动、思考、回答、提高读者的参与感，也能提高读者的转发欲。

有意识地多去看那些优质文章都怎么结尾，去感受。多观察，多总结，多思考，很快就知道怎么写一个好的结尾了。

2.5.5 幽默式

幽默式常用于严肃说理文章的结尾，通过调侃，让读者轻松。

案例："所以我现在虽然穷着却甘之如饴，因为等到以后出了名，我也能像梁龙一样说一句'不要脸'的话：'那些贫穷时体会到的道理，是我一生最可贵的东西。'当然，撇开以上这几点，我还是想做个有钱人的。"

本章中讲解的各种结尾形式，需要根据实际需求灵活使用，才能写出优秀的结尾，当然读者也可以根据通常结尾的方式，进行自行创新。

第 3 章 社会化媒体平台
内容创作

观看视频

社会化媒体是指允许人们撰写、分享、评价、讨论、相互沟通的网站和技术，是彼此之间用来分享意见、见解、经验和观点的工具和平台，现阶段主要包括社交网站、微博、微信、博客、论坛、播客等。社会化媒体的两大构成要素是自发传播和人数众多。

3.1　认识社会化媒体平台内容

研究显示，美国学者安东尼·梅菲尔德（Antony Mayfield）最早使用社会化媒体这一词语，他在其 2007 年著作《什么是社会化媒体》（*What is Social Media*）一书中对社会化媒体的解释为：一个集参与、公开、交流、对话、社区化、连通性为一体的，为用户提供广阔参与空间的新型在线媒体。其中，定义的模糊性、快速的创新性以及各种技术的广泛"融合"是社会化媒体区别于传统媒体的显著特征。传播学者安德烈·开普勒（Andreas Kaplan）和迈克尔·亨莱因（Michael Haenlein）对社会化媒体所下的定义在学界使用范围最广：社会化媒体是一系列建立在 Web 2.0 技术和意识形态基础上的网络应用，它允许用户生成内容（UGC）的创造和交流。此外，还有学者认为，社会化媒体是指能互动的媒体，它反映了多对多的更为平等的对话方式，这不同于传统媒体一对多的传播模式，社会化媒体使媒体和受众之间的界限变得越来越模糊，且绝大多数社会化媒体对用户免费开放，并鼓励人们评论、互动以及分享信息。

3.1.1　社会化媒体平台及其内容

从以上描述可以得出，社会化媒体的发展得益于互联网技术的发展，特别是 Web 2.0 基础上互动社区的建立，为用户提供传播内容、创造内容的平台是它的显著特点，借助手机这一实时通信设备，更实现了用户随时随地进行社会交往、互动的生活方式。社会化媒体区别于传统媒体的地方在于它带给用户强烈的参与感和极大的参与空间，它在满足用户存放个人基础资料的同时还满足了用户"被人发现"和"受人崇拜"的心理感受需求，满足了用户"建立关系"和"发挥影响"的需求。社会化媒体通过把文本、图片、视频和传统内容混搭处理来进行互动、建立"联系"、生成"意义"。

社会化媒体是一种给予用户极大参与空间的新型在线媒体，它具有以下特征。

第一，参与。社会化媒体可以激发感兴趣的人主动地贡献和反馈，它模糊了媒体和受众之间的界限。

第二，公开。大部分的社会化媒体服务都可以免费参与，它们鼓励人们评论、反馈和分享信息。参与和利用社会化媒体的内容几乎没有任何障碍——受保护的内容除外。

第三，交流。传统的媒体是一种"广播"的形式，内容传输或散发到用户那里，是一种单向的流动。而社会化媒体的优势在于，信息的传播是双向的，是一种交流。2007 年年初，淘宝网和中国最大的本地化生活社区口碑网合作，设立淘宝网房产频道，正式进入房产交易领域。2008 年 2 月，北京知名房产中介我爱我家宣布千余家"网店"同步开张，并宣布后期还要增开 3000 家。自房产中介拉开网上开店的序幕之后，目前已有越来越多的房地产经营者开始瞄准互联网这块黄金宝地。

第四，社区化。在社会化媒体中，人们可以很快地形成一个社区，并就共同感兴趣的内容进行有效的沟通——摄影、政治话题或者电视剧等。

第五，连通性。大部分的社会化媒体都具有强大的连通性，通过链接和整合，将多种媒体融合到一起。

3.1.2　社会化媒体平台内容的特点

1. 内容形式与特点

各社交媒体平台内容形式多样，特征明显：微博是社交广场与热点策源地，微信是移动化社交连接器，抖音通过信息流能够快速打爆款，快手能够快速聚集、惠及大众人群，小红书是年轻人的种草社区，B 站是二次元、原生的泛娱乐社区，知乎是连接线上线下的知识型社区。

2. 内容生产模式

社媒平台的快速发展推动内容生产模式多元化，微博平台内容生产在 UGC（User Generated Content，用户生产内容）和 BGC（Brand Generated Content，品牌生产内容）上分布较广，GGC（Government Generated Content，专业生产内容）属性也较强；微信公众号和视频号深入打通，兼具 UGC、PGC（Professionally Generated Content，专业生产内容）、BGC 和 GGC 内容；抖音、快手平台均以 UGC 和 MCN（Multi-Channel Network，多频道网络）机构输出的 PGC 内容为主；小红书高度聚焦用户分享真实感受，以 UGC 内容为主；B 站内容生产以 PUGC（Professionally and User Generated Content，介于专业和普通用户之间的生产内容）为主，继续开放更多 OGC（Originally Generated Content，如 B 站的自制内容）；知乎以 UGC 和 PGC 两种内容生产模式并行。

3. 内容标签分类

各平台内容多元，其内容分类覆盖程度不同，其中，B 站对平台内容分割足够细化，对小众内容包容性大；微博平台内容分类较为细致，平台调性偏重社会性和娱乐资讯；小红书平台内容精细化程度一般，内容从女性向其他圈层辐射；快手侧边栏开始内容分类，而抖音尚未设定内容标签。

4. 企业号特点

随着品牌发力品牌建设，均以各社媒平台蓝 V 账号为切入口，塑造品牌对外形象，通过持续深入运营获得流量沉淀，进行流量转化、粉丝互动等精细运营。

3.1.3　社会化媒体平台内容的作用

社交媒体的出现使得普通人可以突破地理局限性与他人取得联系，与传统的人际传播相比，社交媒体传播往往具有以下作用。

1. 基于平等的双向沟通，令传播主体多元化

社交媒体的影响力本质是"人人都是自媒体"，传统传授关系被打破，受众逐渐从被

动方走向主动方，形成与其他个体之间的平等沟通和对话。

2. 基于关系的虚拟社区，使传播内容小众化

社交媒体的社区化趋势使得传统的以血缘或地缘为纽带的社区向跨越时空界限的以"趣缘"为基础的虚拟社区转变。社交媒体赋予每个个体公开表达个人情感的平台，为弱势、边缘群体提供了连接的空间，它不仅能够满足个人获取信息、寻求安全感和归属感的需要，也是个人进行社会参与、自我表达、释放创造力的平台。

3. 基于交际的相互延展，提高传播关系

社交媒体促进了个人社会资本的增加。从个人和组织层面上来说，社交媒体扩大了个人社会网络关系，进而在信息传递、社会动员、社会监督、民意表达等过程中调动这些资本实现个人社会网络的延展。从社会宏观层面上来说，社交媒体打破了信息沟通的物理局限性，促进了社会参与、增进了社会连接进而提升了社会成员之间的信任，从而促进了社会资本的增加，使得群体之间的关系得到了延展。

如何区分平台型媒体、社交媒体与社会化媒体？

社交媒体也称为社会化媒体，因此下文将以平台型媒体与社交媒体为主，帮助读者区分这两个概念，梳理两者间的区别与联系。

首先，从定义入手。"平台"是在平等交流的基础上，创建由多主体共建的、资源共享的、能够实现共赢的、开放的一种生态系统。不难看出，其实际重点在于：开放、激活、整合和服务。相比于平台型媒体，社交媒体的重点在于给原来被动的受众创造了一个平等的平台使得其能够自由交流、传递信息，由信息的被动承受者变成主动获取者。因而，平台型媒体搭建出来的是一个"生态系统"，而社交媒体只能作为人与人之间相互沟通的渠道。

其次，从主体入手。正如前文所述，平台型媒体既具备专业媒体的权威性，又能够向所有用户开放。相比于社交媒体上的以受众为主体的传播，平台型媒体的传播者更多元化、专业化。任何一个互联网产品，只要用户活跃数量达到一定程度，就会开始产生质变，这种质变往往给公司或者产品带来新的"商机"或者"价值"。例如，微信从一个聊天工具变成了社交平台，然后又成为一个媒体平台、产品客服平台，之后又成为游戏平台，然后增加了支付，突然成为无所不能的交易平台，开始触动阿里巴巴电商生态的奶酪。

最后，从生态入手。平台型媒体区别于社交媒体的重点还在于其自身开放性和聚合性。社交媒体平台侧重于信息传播方式、媒体服务的横向跨媒体延伸，而平台型媒体则侧重于在一个媒体平台内部给用户提供多种应用、功能、服务以及信息的聚合。因此，从媒体发展的眼光来看，平台性媒体通过打造一个良性的开放式平台去重新构建传播生态，这更符合未来传媒业的发展趋势。

综上，相比于社交媒体，平台型媒体是一个开放式的平台。它包含着各种规则、服务和平衡的力量，通过向所有的内容提供者、服务提供者开放，使得机构和个人的独到价值都能够在上面尽情地发挥。这样的内容平台才是符合互联网逻辑的媒体构建。

3.2 社会化媒体平台内容创作要领

3.2.1 微博内容

如今，同时拥有庞大流量以及完善商业形态的平台是谁？毫无疑问就是微博。微博对于短视频创作者而言究竟有多重要呢？这么说吧，不管你是在其他哪个平台上一夜暴红，如果你想保持持续热度，下一步就一定要考虑怎么回归微博。

那么如何在微博上持续涨粉打造爆款呢？微博的推荐算法按时间序列的兴趣进行排序推荐。因此，微博会把过去三天中用户兴趣相关的内容插入到信息流当中，以此来增加用户在微博的停留时间，这种算法非常有利于新账号的发展，但涨粉会比较慢。要想涨粉快，就需要得到平台推荐，想得到平台自主推荐的前提是什么呢？那就要求内容质量要专业、兴趣标签明显，并且要大量互动转发。

首先，在还没有粉丝基础的情况下，能依靠的只有算法、自主推荐以及购买粉丝来获取流量，可是作为新手都顶不住运营商的优化，只是单纯地进行分发，所以经验就是不要把它当成一个分发平台，而是把它当成日常记录的窗口，也就是记录你的心情、状态等，这些日常生活都可以试着通过文字、图片或者是视频在微博上进行发布。

这里有一个小技巧，虽然看似普通，但特别有效。一般情况下，热点下面的实时微博以及热门微博下面的评论就是最大的创业基地和素材资源，而在生产内容上不用执着于视频文字图片，都可以尝试，毕竟最重要的无非两种，一种是对时间，一种是最深度。讲到最热点，那就要来讲涨粉，毕竟追热点的目的也是涨粉，但是要特别注意，不是说粉丝量越多越好，关键是能收获多少有效的粉丝。

什么是有效粉丝呢？主动关注的是高质量粉丝，即有效粉。从属性上来看，有些粉丝应该是你的目标受众群体，从商业价值来看，愿意为你买单的粉丝最有效，所以圈定有效粉丝群体的观念，从微博运营之初就有。其次，要怎么去吸引这部分群体主动关注呢，这就是第二个要点——兴趣标签。兴趣标签一方面是给官方看的，另一方面是给粉丝看的。给官方看，无非是做到精准直接，以保证他的推荐是正确的；而展示给粉丝看的信息也就是标题文案，封面则是要在一目了然的基础上足够吸引人。

一方面是看官方最近的流量集中在什么话题或者什么活动，另一方面则是保持高品质的官方互动，进入垂直类粉丝群体，这是获取有效流量最直接的途径。这方面，微博与抖音、快手等平台的成长路径不太一样：抖音、快手主要依靠内容的海量推荐；微博的爆款往往依靠大 V 进行推荐。这就意味着，要成为微博爆款最重要的是你的内容要有话题性，值得大家讨论。在话题的来源上，可以把热点和你的专业水平进行结合，创作内容，制造话题，帮助你随着粉丝创造热点，进行一次成功的话题营销，这样可以为你带来可观的涨粉数据。

现在来总结一下。从 0 到 1 的这个过程，要先清楚自己的定位、人设内容，保证持

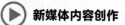

续稳定高质量内容输出。第二，在不偏离基础赛道的前提下，保证一个较高的活跃度，可以是蹭热点发动态，也可以是关注自己的权利内容进行讨论，也可以适合官方账号进行互动。第三，从1到100的过程要回归到内容的本质以及粉丝。

最后还有一个秘诀，微博是最快提升网感的方式，里面的爆款和热点往往可以变成其他平台的流行趋势，所以在运营的过程中，也可以把思维发散出去，做第一个把微博热点传播到其他平台的人。

3.2.2　微信内容

首先，必须要知道基本的公众号写作基础内容都有哪些，这一部分内容主要是：公众号内容构成、公众号平台特点、新手常见错误、经典爆文类型、基本写作步骤以及文章判断标准。

1. 微信公众号内容构成

微信公众号内容包括定位性的文章、观点型文章、热点型文章以及个人类文章。定位性的文章是指与公众号定位相关的文章，面向有这方面需求的用户所撰写的文章。观点型文章是指针对某一件事提出自己的观点的文章，摆出论证观点。热点型文章与当下热点相关，但也要符合领域再去撰写。个人类文章可以将自己的经历感受和心情分享出来，类似于日记。大部分公众号都可以参考这四类。

1）微信公众号平台特点

知己知彼百战百胜，所以要了解公众号平台有哪些特点，对于运营会有所帮助。公众号平台的特点有以下三点：写给别人看、缺乏耐心以及通俗口语化。

（1）写给别人看：是指你写的文章是让别人看的，是让别人欣赏及喜欢的，你写出来的文章需要满足别人的需求，而不是自己觉得写得好就是好了，满足自己是没有意义的。

（2）缺乏耐心：大部分看公众号的人都是利用自己碎片化的时间来看的，或是上下班挤地铁的时间，或是中午午休时间，所以根据这个特点需要做到两点：第一点，标题足够吸引人；第二点，内容不宜过长，一般800字足矣。如果忽略这一点，基本上文章阅读完成率将会很低。把握住这一点就向成功更进一步了。

（3）通俗口语化：不管你是做什么的，最终的目的是要让用户看懂读明白，所以不要把自己专业的内容描述得太专业，各种专业词汇的使用要配有讲解，最好还是口语化一些，可以让用户理解才是王道。

2）新手常见错误

在这里罗列出来的四点错误都是新手常见的。

（1）自恋写作（自己觉得自己写得没毛病，过于自恋）。

（2）忽视标题（标题随意，不注重标题的重要性）。

（3）随性发挥（没有成体系的内容，想写什么就写什么）。

（4）排版业余（不注重美感，排版随便）。

3）经典爆文类型

哪些类别的文章容易出爆文呢？以下四种概率更大。

（1）具有共鸣性的文章。

共鸣性的文章一般分为两种，一种是情感共鸣，另一种是观点共鸣。情感共鸣文章可以是真实的情感故事，也可以是写得像真实故事一样的小说。而观点共鸣也分为两种，一种是观点鲜明，另一种则是具有争议性的文章。具有争议性的文章更容易获得评论关注。

（2）具有实用性的文章。

实用性的文章也非常受用户的喜爱，一种是教程类的文章，一种是知识合集类的文章，这一类文章并不难写，只要掌握某一方面的技能，任何人都可以分享，新手也不例外。

（3）具有趣味性的文章。

趣味性的文章就是要写得让别人感兴趣，对于新手来说，写起来可能会有一定难度，需要日常积累，建议新手多查看同领域大号掌握相关技巧。

（4）娱乐八卦类的文章。

娱乐八卦类文章的爆文多数来源于热点新闻，因为娱乐八卦的热点相当多，只要热点追得好，一般数据都不会太差。

2. 微信公众号基本写作步骤

微信公众号的写作步骤分为两大块：公众号基本写作步骤，常用工具推荐。

微信公众号的 8 个基本写作步骤如下。

（1）选题——可以是当天的相关热点话题，也可以是用户画像得出的日常选题。

（2）找切入点——确定写法和角度。

（3）收集资料——同类文章以及论证需要的材料，例如，数据、案例以及名人观点。

（4）写架构大纲。

（5）撰写正文。

（6）设计标题——之所以标题最后定，是因为在写作过程中如果有了标题将会限制了内容，从而思路变窄了，也容易跑题。

（7）检查修改调整。

（8）排版美化。

3. 如何判断一篇微信公众号文章效果

（1）主观标准：自己阅读、读者阅读、同行阅读。

（2）客观标准：根据基本数据进行判断。

①24 小时阅读量（打开率）反映标题的好坏，有多少人在看、转发等。

②7 天阅读量（阅读完成率）反映文章内容如何，即整篇文章的总体质量。

③单击数，反映有多少人认同你的观点，被文章打动。

④留言数。

⑤转发数。

3.2.3 社群内容

对于任何社群来说，要想获得长远发展，就必须有足够优质的内容。一般来讲，优质内容至少具备以下三个特点：原创、有用、有趣。然而，对于大多数社群创业者来说，创作出具备上述三个特点的优质内容是一件比较困难的事情。

实际上，如果去网上搜索，可以找到很多创作优质内容的方法，但其中的大部分都比较普通，实用性也不是很强。讲到这，可能有些读者会想，难道就没有既特别又有实用性的方法吗？当然有，具体可以总结为以下三个。

1. 根据社群成员的喜好进行创作

今日头条的口号是"你关心的，才是头条"。其实，这个口号是非常有内涵的，试想，如果和那些只喜欢工作和游戏的宅男、宅女们谈运动，他们会有兴趣吗？如果和一个"以食为天"的厨师谈节食，他会喜欢吗？同样，如果和一个"事不关己，高高挂起"的普通市民谈新政策，他会认真看吗？

显而易见，上述问题的答案一定都是否，因为谈论的话题都是他们不关心且没有兴趣的。由此来看，创作出来的社群内容，一定要符合社群成员的喜好。换句话说，要根据社群成员的喜好创作内容，只有这样，才能受到他们的青睐。

2. 始终保持内容的个性

一般来讲，越是有个性的事物，就会显得越好，也越能吸引人们的眼球。内容也是一样，要想吸引读者的眼球，就得彰显出一定的个性。至于如何做到这一点，其实并不难，最重要的就是要表达内心最真实的感受，不要刻意掩饰自己的情绪。

而且，就算是质量超高的内容，也不可能获得所有成员的青睐，既然这样，还不如一心一意地为那些忠实成员创作内容，而且创作的时候也会更加顺手。所以，不要为了那些对社群不忠心的成员而放弃个性，即使这样做，不忠心的成员还是会不忠心，而且还很可能导致忠心成员的流失。

就拿 papi 酱来说，她创作的视频内容就很有个性，也有不少人觉得她太夸张，根本就不喜欢她，但是，她照样拥有超千万的微博粉丝。这就表示，有很多人都非常喜欢papi 酱。所以，在创作内容的时候，一定要保持自己的个性，这样的内容才是真正的好内容。

3. 注重内容的价值

从目前的情况来看，有很多内容都是为了吸引成员、活跃社群而创作的，所以，其中的大部分都是名副其实的塑料文。要知道，这样的内容虽然可以达到吸引成员、活跃社群的目的，但并不能长久。

由此来看，要想让成员在看过内容之后，能够对社群产生极大的好感，那就得注重内容所体现出来的价值。也就是说，内容要为成员带去一些实质性的价值。例如，带他们走出心灵的阴霾、教他们某一项特殊技能。所以，当务之急就是静下心来，搜集一些有用的素材，然后认真整理语言，努力创作一些可以体现价值的内容，只有这样，社群才可以长久地发展下去。

对于社群来说，内容是一个非常重要的竞争力，如果内容不够优质，其他方面再好也于事无补。然而，要想创作出优质内容，就必须掌握上述三个方法，这是推动社群发展的强大动力。

3.2.4　今日头条内容

今日头条上的用户群年龄大多数为 25 ～ 45 岁，30 ～ 40 岁占多数，男性与女性用户占比是差不多的。

下面在这个基础上讲一下，在今日头条里面，文章和视频适合做哪些领域呢？

1. 文章类

1）娱乐领域

写娱乐领域要时刻留意热点更新，热点可以直接在头条的热榜上看，看到哪个明星上热榜了，就可以好好去写一写蹭一波流量，阅读量越大收益越多。

2）情感领域

情感是每个人都需要的，如图 3-1 所示。

图 3-1　今日头条情感类文章

3）历史领域

在头条上看历史文章的人有很多，如果你对历史感兴趣，喜欢看三国故事这些，那么可以试试在这里更新历史内容，如图 3-2 所示。

但是如果你写的内容不符合历史事实，是会违规的，所以在写历史领域的时候，是要尊重历史事实的。

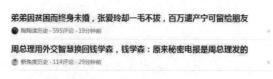

图 3-2　今日头条历史类文章

4）传媒领域

传媒领域就是分享一些自媒体知识，例如，今日头条、公众号、拍视频等这些都属于传媒领域的内容，如图 3-3 所示。

图 3-3　今日头条传媒新闻

2. 视频类

1）影视剪辑

影视剪辑也是有很多不同的类型的，如图 3-4 所示。

图 3-4　二次创作类视频

例如，影视混剪、影视解说、热门电视剧、影视卡点等。

这个领域的用户量是非常大的，因为没有多少人是完全不看电视剧和电影的，但是一部电视剧和电影的时间都非常长，刷短视频都是利用碎片时间的。

或者，一些比较有名气的视频网站平台也有海量的素材可供选择，只要把喜欢的素材下载下来就可以了。

然后就是通过剪辑进行二次创作，剪辑好之后发布到一些自媒体平台，有人播放就有收益了。

2）情感励志

情感励志的市场也是很大的，因为其实大家都"爱喝鸡汤"，如图 3-5 所示。

而且就现在这个社会来看，大家都是忙忙碌碌的，有时候心理压力就会比较大，这个时候，看一些鸡汤、别人的故事，就很容易受到感触得到安慰。这也是当代社会人释放自己压力的一种方式。大家看一些情感励志类的东西的时候，就特别容易将自己的情感对号入座。用户人群非常多，所以这也是一个热门领域。

这个领域的素材也是很好找的，例如，一些情感类的故事、一些情感电台。实在没有想法的话，可以找一些情感影视中的片段或者 MV 中的片段也是可以的。

图 3-5　情感类视频

3）音乐盘点

大部分人都会听音乐，所以这个领域的用户人群也是非常大的，如图 3-6 所示。

这个领域可以做的类型也有很多，例如，音乐分享、音乐情感、音乐混剪等。这个素材就更容易找了，大部分音乐都是有 MV 的，基本上也就十几分钟一个视频就可以剪辑好。然后也可以去一些音乐的素材网站里面找一些素材，类型多下载容易。

图 3-6　音乐类视频

4）名人演讲

演讲这个领域也是超级广泛的，而且就这个领域本身来说，它就是一个公开的具有传播性质的视频。演讲针对的群体是比较高质量的高文化的人群，如上班族、大学生、老师等，都比较喜欢看这一类视频。而且由于演讲的特性，素材也是很好找的，国内国外的都可以用。

很多想提升自己的表达能力、沟通能力的人，都喜欢看这一类视频。还有一些人生遭受着重大难题的人，也会看这类视频激励自己，如图3-7所示。

图3-7　今日头条名人演讲类视频

5）体育赛事

这个领域其实是被很多的人忽略掉的。那为什么说它也是一个热门领域呢？因为在所有的自媒体平台数据中，男性用户占比高达78%，那男性用户喜欢看什么内容呢？毫无疑问的是除了美女豪车，那就是篮球足球这样的体育赛事了。所以做这个领域的内容，有很大的可能性是可以火的。同样，体育赛事这个领域的素材也不难找，因为大部分的体育赛事直播，在网站都是可以找到回放的，如图3-8所示。

图3-8　今日头条体育新闻类视频

3.2.5　短视频内容

1. 短视频内容创作的核心法则：吸引力法则

在做短视频创作时，经常能听到这样的问题："怎样让我的视频不被刷走？""怎样做出一条能让人一直看下去的视频？"

问题背后都反映着同一个要点：在抖音平台中，让人"看下去"的吸引力非常重要。那么，如何才能让用户决定"看下去"？在还原了大量具有神奇"吸引力"的抖音视频用户观看时的"心智旅程"后，找到了其中的 4 字秘密，那就是"建立期待"。

如何才能建立期待？这便是标题里提到的短视频创作"吸引力法则"，如图 3-9 所示。

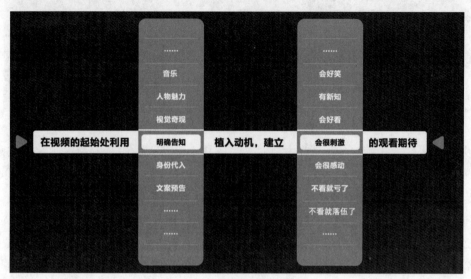

图 3-9　短视频吸引力法则

吸引力法则指的是，通过在视频起始处设置一些"诱因"，在观看者心中植入某种"动机"，从而成功建立起"观看"期待，让用户被这种"未知的期待"拉着而沉浸式地往下看。

通俗的解释就是不要忘记在内容里埋上"钩子"，钩着用户的"期待"往后看。那这个钩子，也就是"诱因"到底有哪些？诱因可以是很多种：可以是音乐，是人物魅力，是视觉奇观；也可以是身份代入、文案预告等。而植入的期待，则可以是：会好笑，会好看，会感动等。

以抖音短视频内容最为重要的元素——"音乐"作为诱因为例：不同的音乐风格，会带给用户不同的情绪反馈，从而直接建立起相应的观看期待。常见的如：诙谐的音乐，可建立起"会好笑"的期待；煽情的音乐，可建立起"会感动"的期待；励志的音乐，可建立起"会很燃"的期待；而附带"反转梗的音乐"，则可建立"会怎样"的期待。

这里要强调下，"诱因"不止一个，可以多诱因组合出现，这样才能制造更强大的观看动机。但"动机"则要源自创作者对目标用户的真实洞察，才会引发真实的互动。

2. 巧用"三段论"：从洞察到内容

上述提到触发用户的观看动机，最重要的是创作者要深度洞察用户的真实诉求。

洞察人群可分为三类：社会人群、消费人群和参与人群。而每一种人群的洞察，都可以用"三段论"来拆解，这样也才能产出更优质的（商业）内容创意，如图 3-10 所示。

图 3-10　不同人群洞察的"三段论"

以"消费人群洞察"为例：首先要对产品的核心消费人群进行洞察，了解其在购买/使用该类产品时最普遍的认知和行为关注；然后整理出"共性"来植入内容创作，以建立最广泛的共鸣；最后给出解决方案（来推介某款产品时）才更具有说服力。

vivo 某个系列的手机目标消费人群为"爱玩手机的年轻人"，那就要洞察这类人群在玩手机、买手机时最大的诉求和关注点。

例如，害怕手机过热带来操作受阻，那么便可以基于这个关注点来创意内容，最后再给出新品手机的解决方案——"试试水冷散热的 vivo"。这是不是更能建立起用户"会有用"的期待，从而更深地种草产品，带来更有效的转化？

再如，洞察"社会人群"，最重要的是根据传播目标来挖掘社会人群的共性，并基于洞察通过内容创意来营造情景（如年轻情侣的共性是：现实中的男友与理想中的男友总是存在差距，而营造情景最好的方法是"拍一个可视化的对比视频"让用户感知），这样才能带来更广泛的观看，让产品顺势植入。

而对于"（平台）参与人群"的洞察，则要去认真分析平台上最火的内容（包括热门视频、热门音乐等）是什么，找到火的原因，从而预埋能够激发用户互动参与的机制赋能内容创作，激发更深层次的互动。

3. 内容创作的 5 种方法

在深入洞察了用户需求之后，就到了设置"诱因"这一环节。下面给出获取创作灵感的 5 种方法，如图 3-11 所示。

1）第一种——模仿法

模仿当下最热的视频，通过翻拍、使用原声或同款 BGM、积极参与挑战赛等方式来进行内容创作。

当然，也可以在创作中基于自己的账

图 3-11　获取创作灵感的 5 种方法

号情况加入个人特色。如原视频处于热度期，会形成较好的效果，达到更多的曝光。

2）第二种——二次创作法

根据热搜、新闻，以及知名影视剧等，进行发散创作。相比简单的模仿，这样的创作形式更深入，且能很好地挂钩热点，赢得流量。

3）第三种——反转法

大家预想的事件的正常发展结局是 A，但可以抛弃这个点，另辟蹊径，转换结局，让它出其不意发展成 B，这样的方法在剧情类视频爆款中常常能见到，反转设置得越多，剧情的可看性越高。

4）第四种——专业提取法

将自己专业的知识储备，通过简单易懂的方式传递给用户，这类方法尤为适合垂直类内容创作，很容易获得黏性高、有需求的粉丝。常见的如美妆、汽车、母婴等。

5）第五种——生活观察法

发挥民间智慧，记录下你和家人、朋友身上发生的故事，提取其中的精华进行内容创作；因为接地气的生活更容易获得普罗大众的共鸣，从而能达到更好的传播效果。

在抖音上大火的生活化 Vlog 就是采用这种形式，代表账号包括：耀阳他姥爷、我是田姥姥、张若宇等，都是通过生活观察法，以第一人称视角来记录生活、情感，很容易拉近与用户的距离。

4. 借力"追随者效应"：将视频从爆款演变为流行

以上提到的内容创作五法里，"模仿法"和"二次创作法"是创作者最多使用的创作方法。

实际上，在抖音里经常能看到一些由达人 / 素人创意的内容，因音乐魔性、动作搞笑、内容极具跟随性、模仿性等，吸引了大量创作者（含 KOL/KOC/ 素人等）跟风创作 / 模仿，从而演化为一个"热梗"在抖音上传开。

其中，便存在内容创作时不可忽视的"追随者效应"，要让内容成为"潮流"和"引流"，首批追随者的作用往往比领导者更重要，如图 3-12 所示。

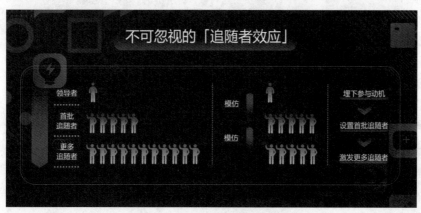

图 3-12　不可忽视的追随者效应

而若将这个效应应用到商业创作领域，就是人们常常看到的"挑战赛"。

因此，挑战赛的核心是在预埋好能够激发最多的用户低门槛参与动机的同时，设置好首批追随者（即 KOL 众创），让首批追随者带动更多的追随者自主参与；从而实现营销的破圈，从圈层爆款逆袭为大众爆款，如图 3-13 所示。

图 3-13　追随者效应应用于商业创作：挑战赛

5. 爆款内容 6 大主题点和常见结构

爆款短视频往往具备以下 6 个主题点中的一点或者几点：热点、笑点、知识点、正义点、冲突点、泪点——而这些主题点导向的价值核心就是让用户产生共鸣点，如图 3-14 所示。

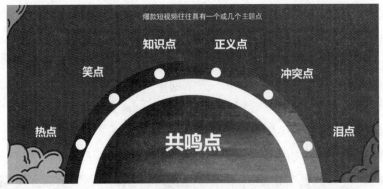

图 3-14　爆款内容的 6 个主题点

好的内容，其实本身有相对稳定的结构，简单地可总结为：

（1）在视频开场的 3 ～ 5s：一定要亮出关键梗，千万不要挑战用户的耐心，这是提升完播率的关键。

（2）中途的时间：要控制好内容发展的节奏，要设置足够多的诱因（包括音乐、人物关系等）来"吸"住用户，避免因内容枯燥带来的用户跳出（具体来说，横屏视频要做到30s 一小梗，60s 一大梗）。

（3）在视频片尾：要做到出其不意，有惊喜，有反转，有互动鼓励，以促进用户反复观看，提升复播率和互动率。

3.2.6　社区内容

下面讨论如何让优质内容可持续地生产，能够将优质内容掌握在手中的办法。

1. 圈定有能力生产的创作者，给他们打上内容标签

日常工作中，内容工作者总是在挖掘优质内容。不过在发现优质内容的同时，也是在发现创作者。对于这批能够稳定产出优质内容的创作者，是有必要把握住的，他们是优质内容的可靠来源。这批创作者群不需要很大，小而精即可。

圈选标准，大概有以下几方面。

（1）活跃且高产，能够快速响应的创作者最佳。

（2）能够对这个作者打上明显的内容生产标签，如小美——艺术专业学生，时间较多，善于美妆、穿搭内容产出；小明——善于视频剪辑，能够快速二次加工某些素材产出二次视频等。

（3）配合度较高，能够接受与官方更多交流且对内容有优化的创作者。

2. 定期下发灵感，给予创作方向，刺激创作者生产

通过官方灵感下发回收的内容，是最接近于优质内容方向的。

创作者虽然人多脑子多，但也有灵感枯竭的时候。对于行业先驱、流行前线，作为业内人士还是更具有感觉的。因此在我们逛各种竞品、内容生态、获取到相关碎片式的选题时，可以进行收录。然后编辑成创作灵感，创建一个"灵感市集"的文档，通过站内信或者群发的形式给到创作者，更可以针对性地私聊某一方向强项的创作者，刺激创作者的生产。

3. 有明确的内容规划，通过灵感和任务下发的形式回收优质内容

除了平时散点的内容灵感外，在节日结点的情况下，就可以通过详细明确的内容规划，来回收优质的内容。结点的内容规划可以从以下方向下手。

（1）先盘点之前规划好的内容，发现优质且未被使用的方向一一列出。

（2）收集近两年结点热爆内容，以及近期潜力、出圈内容，以及竞品主推内容作为参考。

（3）通过结合节日结点热点往期内容以及现状，触发灵感，策划可输出的内容方向。

完成这部分工作后，我们对结点所需的内容就有一个较为清晰的方向了，再通过该规划形成对外的灵感文档，发放给创作者，或针对一批优质创作者作为任务报名的形式下发，就能够把握结点期间优质内容的生产了。同时可以告知创作者，结点期间会上线专题和分类之类的承载页，可以加大内容曝光，从流量上刺激创作者产出。

4. 对这批创作者有一定的流量扶植，认可他们的内容产出

通过以上途径，官方能够对优质内容方向有稳定的把控，创作者也可以感受到官方对自己的认可；对于灵感内容创作的回收，在内容质量尚可的情况下，都可以有一定的推荐

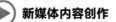

和扶植；同时在节日结点流量较大的情况下，利用资源位聚合给到创作者曝光，也能够给创作者带来更多社区荣誉感。

和创作者打好关系，是社区运营一大重要工作。只有源源不断的创作来源，形成一个良性闭环，社区的内容才能可持续地被消费。

3.2.7　H5内容

在策划一个 H5 之前，最先需要的不是立即动手画创意，也不是马上找制作平台询价，最需要做的事就是认真思考以下三个问题。

（1）我们的产品是什么？目标用户是谁？

无论是否需要做 H5，这个问题都是上至领导高层，下至基层员工都必须清晰了解的。不要误以为受众很了解你，也不要把你是谁这个问题抛给 H5 制作团队，清晰找准你的产品定位，准确捕捉到你的精准受众，做好周全分析，才能让 H5 广告传播事半功倍。

（2）你的目标用户关心什么？

如果你问为什么不是考虑做 H5 的目的，那么可以回答你，因为每个想到要用 H5 做传播推广的品牌，最终目的百分之一百都是为了提高转化率，毋庸置疑。所以，在这里，我们更应该去想，你的目标用户想要什么？他们关心什么？什么样的 H5 信息才容易被他们认为是"与我相关"的。

（3）有什么价值提供给你的目标用户？

清晰理解了以上两点以后，最后一道思考题就是大事了。你的价值在哪里？你的 H5 会给用户带来哪些"好处"？用户都是"花心"的，用户也是很忙的。没有价值的 H5 正如电影放映之前的十分钟广告一样让人不能忍，一切无意义的 H5 广告，都会被用户视为垃圾。很残酷，但对不起，这就是真相。

构思一款 H5 创意要注意以下几件事。

（1）确定适合品牌调性、产品定位的 H5 类型。

大致可以分为：互动型、展示型、游戏型、会议型、盘点型。一般用于品牌宣传的 H5 多以"互动型""展示型""游戏型"为主。不同品牌调性可根据产品定位选择最为恰当的类型进行，例如，需要宣传一款新社交 App，可利用互动型 H5 的特性在 H5 当中加入与用户互动的环节，增强用户对产品的认知度。

（2）给用户一个"主动打开、主动分享、主动传播"的理由。

扔掉一厢情愿的自嗨。在这个互联网广告排山倒海的时代，给用户创造价值的广告才能闪闪发光。设身处地换位思考去想，假如是自己，什么样的 H5 才会让我们主动去分享及参与？纵观全局，曾经刷爆朋友圈的几个 H5 案例，由最初的"围住神经猫"，通过朋友间的互相竞技、排名、积分，并且以简单的游戏形式、幽默的设计风格而取得了极大的成功。到之后的"这个陌生来电你敢接吗""杜杜的第一家美术馆"，这几款 H5 的共同点是：新奇有趣、创意新颖。但这个时候又会有很多热衷品牌的人跑出来说，不对不对，我们想要的东西想要更加简单粗暴一点，不需要太多创新元素。我们也懂所谓的"简单粗暴"，其实也需要抓住用户心理。所以简单可以列为三个元素，分别是：参与感、吸引力、炫耀感。

参与感、吸引力、炫耀感从哪里来？

游戏类 H5 以及交互型 H5 最注重用户参与感，懂得与用户在短短几页的 H5 里面进行交流，利用文字、图片、按钮、色彩等各种元素吸引用户参与其中。以一个参与感满分的 H5 举例，拇指部落给 UBER 做的一款"猴赛雷漫步"H5，用户通过指尖控制游戏主角"小猴王"从而让它正常前行，每前行一步即可收集一个字，收集完成后即可以获得乘车优惠券。在分享给好友的标题以及描述中会显示成绩，引导好友加入竞技。这款 H5 获得了非常好的传播与数据。总结：玩法有趣、朋友竞技、互动性强。

所以，在构思 H5 的时候，一定要记住时刻琢磨，要给用户一个参与和分享的理由。

（3）文案一定要讲人话，接地气。

一个好标题应该是这样的：既有品质，又容易理解。构思一款 H5，除了以上讲到的 H5 类型、互动形式以外，还有一点非常重要但又经常被忽略的，就是 H5 文案。这里的文案除了 H5 本身的内容之外，还有很重要的：标题、描述。你和一款传播百万的 H5 的距离，可能只差一个标题。当我们第一次见到一个新鲜的 H5 时，能吸引我们打开它的一个可能就是，标题足够吸引人。起一个标题的重要性远远不低于帮企业想一个标语。

（4）把多余的、拖沓的、无用的元素删掉。

这一点大家都懂，但做到的极少。无用的信息有哪些？例如，又长又啰唆的企业介绍，无聊沉闷不知所云的产品介绍，还有自以为优秀的奖状、证书。用户真正在意的是：分享出去就可以拿到 XXX，参加游戏就会获得 XXX，这段文字很走心很感人，这个玩法很有成就感，这个测试或许能跟我喜欢的人互动。用户关心的，都是跟他有关系的东西。

最后，在追求创新创意的同时，日常积累也是必不可少的。优质 H5 作品的鉴赏，多角度了解优质 H5 创作背后的故事，包括创意来源、文案构思、设计风格等都是需要日常用心留意积累、吸收并运用的，才能明白该如何打造一款优秀的 H5 作品。

3.2.8　音频内容

以下是知识分享类、娱乐类、脱口秀类、情感类、生活类这 5 个类型音频节目创作指南。

1. 知识分享类

优质节目代表：得到"每日听"。

得到 App 继续秉承罗振宇"贩卖知识"的理念，将有料有趣的知识通过音频传递出来。得到上的音频主要分为：每日听（每天免费推送 6 条）、图书解读（收费）、行业大咖分享（收费）。下面重点分析"每日听"。

"每日听"音频时长：2 ～ 5min。

选题内容：涵盖社会心理、历史、教育、商业、科技等领域。

（1）常见的生活、社会现象（例如，为什么道理都懂，就是做不到）。

（2）职场、行业类知识或新闻（例如，京东是怎么用人的）。

（3）历史争议人物、争议事件（为什么不平等条约都让李鸿章签）。

（4）科普类的冷知识（为啥蚊子光咬你不咬他）。

（5）其他脑洞大开的、有趣的观点（古人有夜生活吗）。

内容结构：抛出一个现象/结论—提出为什么—分析原因（一般分3～4点说明，一定会穿插举例子）—总结观点内容（一般摘自于比较大的公众号：华兴资本、千古刘传、今日值得花时间、MOOC、互联网er的早读课、果壳网……）。

不论是多长时间的音频，只要没有重点，都会让听者容易昏昏欲睡。因此，音频内容创作者一定要注意抑扬顿挫，注意重点，保持听者的注意力。选择听音频来获取知识的用户，有很多是因为可以多线程作业。例如，早上起床刷牙时听一听音频。那么表达清晰的文字，传递正确的内容是非常重要的。否则用户很容易错过文章重要内容，导致用户重复听造成不好的体验。

因为音频一般的时间是2～5min，音频创作者在有限的时间要输出较完整的内容，可能会有一定的难度。那么前期精讲音频稿非常重要，不要在音频中出现忽快忽慢的节奏，导致用户的耳朵不适应突变的节奏而体验不好。

2. 娱乐类

优质节目代表：段子来了。

围绕最新的特点、新闻进行轻松诙谐的段子脱口秀。后半部分是听友的互动留言，有时候也会有互动专场。

封面的特点：

（1）个性标签（如脱口秀、段子来了、搞笑、笑话）方便在关键字中搜索到你。

（2）有意思、个性的封面图片（给人留下比较深刻的印象，看到醒目的图片可能带来听众）。

（3）每期的封面里会给出这期的BGM和文字版链接（读懂用户需求，方便粉丝查找）。

标题的特点：

（1）标题以某个话题吸引人（如"被最亲的人坑是一种什么样的体验？"会引发读者的联想，亲人怎么坑？自己有没有被亲人坑过？自己的感受和作者的是否一样？）。

（2）标题接地气，生活相关（如"堵车又叫卡路里""没A4的腰，怎么上淘宝"，让人想，都是生活中的想象，作者为什么会这样认为）。

（3）标题朗朗上口（如"你说分手就分手，为何要把锅带走"，让读者朗朗上口）。

内容特点：围绕最新的特点、新闻编写轻松诙谐的段子（例如，夏天来了的主题选择相关天气炎热、能引起大家共鸣的段子）；贴近生活（多数段子是生活可见又符合本期主题的内容）；取之于民，用之于民（有些段子是网友们的投稿，可以分享给更多的网友，增加了互动性）。

BGM/ 声音的特点：

（1）BGM 选取轻松欢快的音乐（通过欢乐的音乐调动气氛给人愉悦的感受）。

（2）搞怪音调的插入和笑声的植入（如在停顿处、话题结尾处插入搞怪的暖场音，既可作为话题的转换又可以保持气氛的活跃，在搞笑的话题后插入"哈哈哈"的笑声）。

（3）主持人语气轻松，以聊天的方式表达诙谐的内容，语言生动活泼。

多平台的预告和互动特点：

（1）在微信和微博端都有节目的预告（预告这一期什么时候开播，节目内容是什么，方便大家收听）。

（2）微信端与网友的互动和素材的采集（增加互动性，可以让网友评论话题和投稿自己的话题）。

3. 脱口秀类

优质节目代表：每天听见吴晓波。

1）背景音效 / 背景音乐（普适）

案例：被雷劈——打雷的声音；被人骂得狗血淋头——哈哈哈哈；嘲笑声、预言内容已经实现——鼓掌声；谈及《欢乐颂》——电视剧主题曲（详听吴晓波的《上海房价未来五年还会翻番》）。

结论：背景音乐和音效打破了单一声音的枯燥单调（主讲人的声音），添加音频乐趣。配合音频内容的音效 / 音乐能够明显带动听者的情绪。

指南：根据音频内容主题选择背景音乐或音效。建议忧伤、沉重等话题选择缓慢而悲伤的音乐；趣味性内容可配合关键字加入趣味音效，调动听者情绪及聆听兴趣。

2）开场口号（普适）

案例："每天听见吴晓波，大家好，我是吴晓波""有种有趣有料，这就是我们的逻辑思维"。

推论：开场口号犹如片头主题曲一样，给音频打上个人标签 / 品牌，有助于听者识别作者的音频作品。

指南：建议设计属于自己的开场介绍语，一般不超过 10 个字。若为两段式开场白，开场白最好押韵，朗朗上口便于听者记忆。

3）高识别性的声音（普适）

案例：港台腔、不标准的广东普通话、烟酒嗓、甜美娃娃音、papi 酱的机器音。

推论：无论是什么类型的声音，有特点就是高识别的好声音。

指南：展露自己真实的声音、声调，适当加入自己喜欢的朗读方式，展示个人风采。

4）内容结构

以"每天听见吴晓波"为例，音频的内容结构为明确话题—明确观点—阐述观点（故事）—观众真实 / 预设反映—论证（解释原因）—再次表明观点。

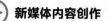

推论：观点表述较为枯燥，故事描述有乐趣但道理隐晦，夹叙夹议的内容结构较为引起听者兴趣的同时也能明确地传达作者观点。

指南：脱口秀类型的音频内容，建议采用观点＋故事穿插讲述，以夹叙夹议的方式进行。同时，可多采用反问、比喻、反讽等多种修辞手法，使音频内容更为丰富。

4. 情感类

优质节目代表：两个人，一些事。

（1）温馨的氛围营造。

建议主播使用舒缓的语气，与情感类内容的调性相一致。另外，请配上舒缓的背景音乐，以增强整个节目的轻松温馨氛围。舒缓的语气加上舒缓的音乐，主播需要感受这样的背景音乐，使自己的语气节奏与音乐节奏相匹配，效果更佳。

（2）以短小的情感故事为主。

情感类节目可以选取阅读量较高的爆款文，这种保守的做法可以保证节目的质量，缺陷是并不是自己原创，可能需要跟原作者要授权。创作者如果坚持原创内容，建议内容以小故事为主，与长篇的说教理论相比，人们更愿意听故事。

（3）与粉丝保持良好的互动。

建议创作者根据节目的特点，与粉丝保持良好的互动。例如，比较优秀的情感类节目会在每期节目中，感谢打赏的用户，会认真地把每个人的名字念出。还有创作者会在节目中念高质量评论，并予以回复，与粉丝保持长期良好的关系。

以下是优秀节目分析。

《两个人，一些事》是喜马拉雅一栏顶级情感类节目，几乎每期节目的播放量都超过20万。下面分析一下，这档栏目为什么会如此火爆。

（1）选择的小故事虽然平凡，但能打动人心。每期节目都会由几个小故事组成节目，虽然所讲述的事情很小，但是依然能够打动人心。例如，《做最好的自己，上天自有安排》这一期节目中，讲述了快递小哥微笑着送快递，临走前还会问问是否有垃圾可以帮忙带下。这样的小事，能够被创作者敏锐地捕捉到，唤起我们自己相似的回忆，形成情感上的共鸣。

（2）每期一首与主题相关的舒缓音乐，且放在节目末尾。当听完主播所讲述的故事，此时用户的思维还可能停留在故事中，或是陷入被节目勾起的回忆里，此时相关的音乐能够让用户更好地沉浸在这种氛围中。

（3）关注核心用户。节目中会提到打赏的小伙伴，感谢这些用户们的支持。这种形式一方面可以让打赏用户有成就感；另一方面创作者也在暗示大家有打赏功能，如果愿意请打赏。

（4）回复用户评论。遇到较为认真的评论，主播会选取这段评论，在新的一期节目中做回复。这也是一种与粉丝之间互动的方式，也在鼓励粉丝做出高质量评论。

（5）选取爆款情感类文章。节目每期选取的内容几乎都是爆款文章，这种选择的好处是能够保证这期节目的内容质量，其内容已经被验证过了，确实是被大家所喜欢的内容。

（6）晚安祝福。节目一般在深夜更新，而大多数用户都会在晚上收听节目，每期主播都会说晚安，像朋友一样与用户拉近关系。

5. 生活类

优质节目代表：跑步指南。

生活类短音频主要是聚焦于人类日常生活的分享，包括健身、时尚穿搭、生活用品选择推荐等。

音频内容特点总结：垂直类定位清晰。聚焦在某一生活领域，专注分享聚焦领域的内容，音频内容主播选择符合整体音频主题的调性。例如，跑步是运动范，提倡健康阳光，主播声音传达出来的就是一种健康阳光的声音，音频标题多以问句设置。提高听众的好奇心、内容结构层层递进：有一个吸引听众的开场白→提出问题引入主题→提出解决方法→论证方法→重点推荐。

总之，生活类短音频的目的是为用户解答生活疑惑，更加聚焦垂直单一领域。主题的选择很重要（一般是用户普遍问题，例如，胖一定是吃出来的吗？），主题覆盖用户群越大，传播越有利；内容结构相对简单（一般结构：提出问题—论证解答—经验分享）。

3.2.9　App内容

1. 注重人机交互

人在操作手机时，主要以人的意识为主体，手机起到辅助作用。设计师应考虑到人与手机的各自特点，使得两者之间相互协调，从而使工作条件达到最优。在使用手机的过程中应尽量减少人的计算和记忆负担，从而有效地提高手机的使用效率。

2. 界面设计原则

（1）保证功能性和实用性。在对手机 App 界面进行设计时，需要考虑 App 本身的使用特点，保证大多数用户都能获得使用体验，界面中应尽量减少按键数量，保证 App 功能的合理性，这样的界面会使得用户操作更加方便流畅，也能相应地减少手机的运算负担。

（2）内涵丰富，寓意明确。设计时应在有限的二维空间中调整图形、文字、按键、符号等元素的位置关系和比例大小，增加对界面内容表达的准确性和界面操控的灵活性。

（3）图形简洁，易识别。设计师应考虑界面中的点、线、面的构成，界面既要做到简洁又具有概括性，使用户能更容易理解和接受；还要做到内容丰富，不让人感觉单调乏味。设计图形要遵循一种秩序美，让视觉上的感受更加平衡，增加界面操控的舒适感。

3. 颜色搭配方案

色彩是 App 界面设计中的重中之重，这关乎是否能够正确表现出产品气质和定位。主色决定了手机 App 界面的整体设计风格，这个主色代表了产品的文化方向，同时也向用户传达了产品的情感。

在设计线框图之前，研发团队的每个人就应明确产品的定位，提炼出最贴切产品的主色。许多手机 App 界面的主色都是选择了此款 App 应用图标的主色，在不同界面中主色的面积会发生大小变化，可能会有同色系渐变界面，也可能出现同色系的功能图标，但主色的视觉效果依然是占主导地位的。

在设计手机 App 时设计师可以使用互补色。在手机 App 界面设计中互补色的对比效果是最为强烈的，给用户带来强烈的冲击，情感丰富，给人留下深刻印象。但这种颜色的过度使用也容易给用户带来视觉上的疲劳，导致用户不知何处才是重点信息。

所以这种视觉冲击很强的互补色只能在小面积使用，同时注意使用位置，要放在手机 App 界面信息提示处。设计师还可以使用冷暖色对比，这样的配色会使手机 App 界面变得非常出彩，使得分类内容一目了然。

4. 字体设计方案

设计文字时应保证文字辨识度高和信息传达的准确性。相对于图片文字拥有更加清晰准确的表达能力，使得用户能更加清晰地从 App 中获取信息，界面内容也更加直观。

文字设计要遵循以下原则。

（1）用语要简洁，信息内容清楚，避免使用专业的语言，同时减少不必要的修饰词语，使得用户可以更加迅速地理解手机 App 的功能，文字布局上也应做到排版布局合理，结构层次清晰。

（2）在字体设计中不同风格的字体会给人带来不同的视觉体验，但无论使用哪种字体，都应该将文字与图片看成一个整体。文字应该带有"意向性"，不同的文字给人带来不同的视觉效果。

（3）亲近感与柔和感。尖锐的物体会给人带来危险的感觉，文字也有同样的心理作用，想要文字给人带来温柔的感觉，首先应使用线条粗一些、前端浑圆的字体，最好是手写体；其次避免使用黑色或藏蓝色的文字，应选取与背景颜色亮度差异较小的暖色。

（4）未来性与先进性。应选择装饰性弱的无衬线体和黑体，或者利用图形组成具有"图形化"的文字，需要注意的是，越是抽象的字识别性越低，这种字可以用在 logo 上，注意小范围使用。颜色则可以考虑黑白灰这些简单的配色。

（5）纤细与美丽。女性化的文字通常给人优美、纤细的印象，需要选用线条细且有曲线的字体，流畅的手写细线体可以运用在女性产品上，更能给人带来娇媚的视觉效果。

（6）怀旧与复古。字体的设计具有流行性，所以字体的设计通常可以反映出流行的趋势。在字体设计时要选用与背景颜色差异大的色彩，例如，黑色的粗字体配上明亮的背景色，视觉的冲击力在哪里运用都不会减弱。

（7）字体设计的节奏感体现在字号对比、重量对比、色彩对比上。当字号越大时，文字就会显得越重要，字号的大小变化能让版面展现出强弱变化；最引人注意的标题，在版面中会比其他字体更粗；重要的文字可以换作其他颜色加以区分，红、黄、橙等暖色被称为前进色，它们比蓝、绿这些冷色更能起到吸引人眼球的作用。

优秀的 App 不仅需要满足用户对功能的需求，还需要满足用户对视觉层面的需求。

第 4 章　新闻消息创作

观看视频

　　新闻写作是新闻作品的制作活动。在新闻写作的过程中，信息的真实性是写作的生命。同时，写作是新闻采访的继续和延伸，写作就是做事实的搬运工，将现场展现给受众。它主要是将采访中采集的素材，加工成一定形式的新闻作品，然后通过新闻工具传播出去。

4.1 认识新媒体新闻

新媒体新闻的形式主要有纯文字、静态图片和动态图片、音频、短视频和H5页面，不同的新媒体新闻形式的特点也有很大差别。

狭义的新媒体是指：与报纸、广播、电视等传统媒体不同的一种新的媒体形态，包括互联网媒体、移动互联网媒体、数字电视、微博、博客、微信、QQ、今日头条等。

广义的新媒体是指：在各种数字技术与互联网技术的支持下，通过计算机、手机、数字电视等一切互联网终端向用户提供信息或服务的新的媒体形态。

4.1.1 新闻概述

有个趣解，"News"是由North、East、West、South的第一个字母拼成，意为"四面八方消息的集合"。New加上s，代表"新事物"。"狗咬人不是新闻，人咬狗才是新闻""只有那些正在发生的，有人情味，足以吸引公众，至少是相当一部分人的事实，才是新闻""新奇的事物是新闻；读者所愿意知道的事情就是新闻；能引起人兴趣的事物就是新闻；有人情味的东西才是新闻"。

国内，新闻有很多种定义："新闻是报道正在变化中的重要事实""新闻是新近变动的事实的传布""新闻是报纸、通讯社、广播电台、电视台等新闻机构对当前政治事件或社会事件所做的报道""新闻是报道或评述最新的重要事实以影响舆论的特殊手段"。

国内现在主要用陆定一的定义，即新闻是对新近已经发生和正在发生，或者早已发生却是最近发现的有价值的事实报道。

1. 新闻的特征

（1）真实性。新闻是事实的报道，是客观存在的事物的反映。先有事实，后有新闻。

（2）新鲜性。新闻反映的必须是"新近"发生的事实，而不是陈年老账、历史旧貌。

（3）认识性、舆论性。新闻不是"每事录"，它所反映的是有意义的事实、重要的事实、群众关心的事实。换句话说，新闻事实不是一般的平淡琐碎的事实，而是具有新闻价值的事实，是重要而有意义的事实，是广大读者所关心的，欲知、应知而未知的事实。

2. 新闻的种类

广义上看，一般指报刊广播中常见的各种新闻报道体裁，包括消息、通讯、特写、专访和调查报告等；狭义上看，就是消息，也就是报纸上冠有"本报讯"的文章和广播电台的"本台消息"。

目前我国有5种基本的新闻报道形式：消息、通讯、评论、调查报告和新闻照片。

3. 新闻的要素

新闻的要素是指构成新闻必需的材料。新闻五要素是指：发生新闻的主角（谁）、发生的事情（什么）、发生的时间、发生的地点、发生的原因。五要素用英语来表示就是 Who（何人）、What（何事）、When（何时）、Where（何地）、Why（为何）。所以，新闻五要素又简称为新闻的 5W。新闻写作的 5W 模式最早于 1948 年由传播学先驱，美国的哈罗德·拉斯韦尔在论文《传播在社会中的结构与功能》中提出。

另外，可以通过补充事件细节使稿件内容更为生动，这便是 How（如何）要素。通过合理运用、编排 "5W+1H"，能够实现新闻传播效果的最大化。

明确新闻要素，对新闻工作有两大作用。

第一个作用，是有助于记者在采访新闻时迅速地弄清每一个事实的要点。从这个意义上说，新闻五要素（5W）是弄清每一个事实的阶梯。在采访过程中，采访对象不可能有条不紊地把五个 W 都讲清，或者在叙事过程中可能讲错，记者有必要从五方面一一核对清楚，以此保证新闻来源不失实。当然，弄清每一个事实的五个 W，对于采访来说是远远不够的。例如，还需要抓住重点，弄清细节；需要理解重要事实的内涵；需要明白背景；等等，这是新闻采访写作课的任务。但是，弄清每一个事实的五个 W，是弄清每一个事实的基本前提。

第二个作用，是有助于记者迅速地抓住新闻的重点，尤其在新闻导语的写作中。

最早的新闻导语就是把五个 W 都浓缩在一个段落里，称为 "小结论式的导语"。这种导语的好处是让读者在短时间内即可明白一个事件的全貌。但其短处也显而易见：主次不分，把读者最感兴趣或最有意义的部分淹没在冗长的陈述中。现代新闻写作，除了继续保留 "小结论式的导语" 外，总是千方百计地突出五个 W 中一两个最重要、最有意义、最让读者感兴趣的要素。

4.1.2　新媒体新闻概述

随着数字技术在信息传播领域的广泛应用，新的媒体形态也应运而生，例如，网络、手机、数字化的报纸、广播和电视。新媒体以新的数字技术为基础，从麦克卢汉提出媒介即讯息的观点以来，人们对技术改变了信息传播的方式和内容给予了越来越多的关注。在新媒体传播环境下，传统的单向传播变成了互动传播，信息传播的自由度得到了前所未有的提升，信息传播的广度和深度也有更大的拓展空间。因此，新媒体新闻的传播方式、类型和特点，新媒体新闻的传播规律和传播效果，新媒体新闻传播过程中媒体和受众关系的变化，以及影响新媒体新闻传播的重要因素等，都进入了研究者的视野。

传统新闻学中，对于新闻价值要素有着明确的说法，即衡量新闻价值有五个要素：重要性、显著性、时新性、趣味性和接近性。这五个要素的含量决定了新闻价值的多少。而在新媒体语境下，新闻价值的认定也发生了变化。童兵在《新媒体传播对传统新闻学的挑战》一文中说道：传统媒体不少属于党报党刊性质媒体，即便是都市类报纸等媒体，也都被置于党委领导之下，因此它们都会自觉地以主流价值观为价值传递的指导思想和主题内容，而新兴媒体则有很多不同。后者的官网，同传统媒体的价值导向基本一致。官方之外，则五花八门。对这类个人化碎片化媒体的价值传递和价值教化功能如何认定、如何规范，是传统新闻学中没有涉及的，是传统新闻学今后适应当代社会生活新变动而必须完备的新内容。

1. 新媒体新闻传播的方式

新媒体新闻传播有四种形式：一种是人际传播，例如，博客、聊天；一种是大众传播，例如，门户网站、视频网站；一种是群体传播，例如，BBS 网络社区；还有一种是分众传播，例如，手机报。当然，这四种传播方式并不是平行的，而是可以互相交融的。

1）人际传播

微博、博客、聊天等都属于人际传播的范畴。具体来说，聊天是一种实时交流的传播。网络聊天有几种途径，有网络聊天室，有 QQ 等聊天工具；聊天可以个人对个人，可以个人对多人，也可以多人对多人。聊天时的话题通常会紧跟新闻时事热点，聊天者纷纷发表看法或评论，并且与他人实时交流。在聊天中，新闻传播的速度很快，但是范围不广，仅限于线上聊天者的即时分享，而且话题的转移也非常迅速。话题的发出者一旦没有得到聊天者的呼应就会放弃该话题。如果同时出现几个话题，聊天者只能专注于其中一个话题，才能顺利地进行聊天和讨论，而其他话题就会被舍弃。对某个能够激发群体聊天热情的话题，也会出现热烈的讨论，但是限于谈话总在屏幕上迅速地流动，对新闻事件不可能做深入的分析和评论。而由于话题总是处在转移之中，屏幕上的聊天信息总是处于滚动之中，聊天者很容易忘记自己曾经说了什么或者他人曾经说了什么，且由于聊天的信息相当庞杂大量，聊天者基本没有精力和时间进行聊天记录的回溯。所以聊天在进行新闻传播的时候，容易停留在浅表层次而且极易被忘记。

2）大众传播

另一种传播方式是大众传播，门户网站的新闻传播是大众传播的一种，比较类似于传统媒体的新闻传播，当然也有其自身的特点。说它类似于传统媒体的新闻传播，体现在以下几方面。一是门户网站可以对新闻进行议程设置。例如，可以通过把新闻标题设置于网页的上端来强调其重要性，可以通过配图片和配视频的方式强调其重要性，可以加大加粗标题的字号强调其重要性。在传统媒体中，例如报纸，可以为重要的内容设置专版，在门户网站的新闻网页，也可以设置专版，把相关新闻的所有体裁整合在一起，有消息、评论、解释性报道、视频报道等。这种版面的安排和新闻元素的配置，是议程设置的手段。这种页面的编排像传统媒体一样，可以影响受众的判断。二是门户网站的新闻网页中的内容，基本都来自传统媒体。因为门户网站要保证自身的影响力和声誉，对新闻的专业性有一定的要求，对发布的新闻有一定程度的把关。门户网站的新闻编辑的基本编辑手段是复制和粘贴。

但门户网站作为新媒体，也有其区别于传统媒体的传播特点：一是新闻网页上以标题吸引受众，以超文本的方式供受众阅读。在网站的新闻网页首页上，只有一行行的标题，然后用超链接的方式链接文本。在文本的下方，又会出现多个相关话题的超链接。这样的方式有别于传统媒体的线性阅读方式，可以让读者按需阅读相关信息。因为首先吸引眼球的是标题，所以新闻网站的编辑对标题的制作非常用心。二是讲究整合。整合不同的传统媒体的新闻，在一个专版上整合不同体裁的相关新闻，在新闻首页上整合不同类别的新闻，还有整合多媒体表现形式。整合不同的传统媒体的新闻，是指新闻网站可以从全国的报纸中选择他们认为有价值的新闻，而不是只专注一家之言。在专版上整合不同体裁的新闻，是指对于某些网站认为非常重要的新闻，网站会制作专版，把消息和新闻评论、深度报道以及视频报道整合在一起。整合不同类别的新闻，是指新闻网站会对新闻进行细分，例如，分为国内和国际，分为财经新闻、体育新闻、娱乐新闻、社会新闻，然后把相关的新闻整合到不同的类别下。这种整合同时也是一种细分。整合多媒体表现形式，是指网站可以用多种手段，如文字、图片、音频、视频等综合表现一个新闻事件。三是互动性较强。在门户网站的每条新闻的下方，都会设置网友评论的窗口。网友可以评论，可以跟帖，可以讨论。

3）群体传播

网络社区在中国广受欢迎。例如，对于中国互联网最大的社区天涯，360 百科这样介绍："天涯虚拟社区，简称天涯社区，是中国的一个网络社区，提供论坛、博客、相册、影音、站内消息、虚拟交易等多种服务，其自我定位是全球华人网上家园。天涯社区是中国大陆很有影响力的一个网上论坛社区，1999 年成立，截至 2011 年 8 月，用户数达 5600 万，在线用户常在 80 ~ 100 万。"中国网民中，BBS 和论坛相当火爆，如水木清华、西祠胡同、猫扑等，都聚集了大量的人气。除了天涯这样的综合性较高、板块较多的论坛外，还有很多专业性的论坛。

论坛作为一个开放式的公共空间，适合传播新闻和探讨公共话题。一个新闻事件可以被作为主题发帖讨论，如果事件备受关注，跟帖者甚众，在发帖和跟帖中，各路人马都能发布对新闻事件的看法，并且可以实时在线交流讨论，有助于深入地探讨。但是也有一些显而易见的局限，一是网络用户在论坛活动时都是匿名的状态，所以他们发言时对自己的言辞不负责任，容易夸大其词，也容易在论坛上对意见不合者进行言语攻击，从而难以保持客观、冷静、理性的新闻传播立场。而且论坛遵行霍布斯法则，谁在论坛活动的时间最久，出现的频率最频繁，发言的时间最多，谁就容易成为论坛的主导者或意见领袖，而不是那些最具专业知识的人。所以在论坛里经常呈现的场面是所有人都在高谈阔论，喜欢发言的人很多都不具备专业的知识，所以提供的信息并非都是有用的。还有一个局限是由于论坛发帖者众多，有价值的新闻信息有时候会被大量的灌水帖淹没，而失去传播的力量。

4）分众传播

目前，手机已经是一个相当普及的通信工具，由于手机技术的飞速发展，手机逐渐负载了媒体的功能。例如，利用 5G 技术，手机可以实现文字、图片、音频和视频的多种媒体功能，并且可以实时地进行传播。由于手机用户的迅猛发展，手机媒体的地位也越来越重要，甚至被称为"第五媒体"。手机媒体能够融合报纸、广播、电视和互联网的诸多特点，而且方便携带，可以随时随地发布信息，而且具有良好的互动性。但是在研究手机媒体新闻传播的时候，我们把以手机作为工具，以互联网作为平台的部分剔除掉，只研究手机作为媒体平台发布和传播新闻，那么就主要有两种形式：一种是手机短信，一种是手机报。

其优势体现在：首先，手机的便携性，使手机报可以占用用户的空余时间，例如，等车、乘车、就餐前后等，在这段空余时间，用户可以通过阅读短小精悍的手机报来打发时间，同时接收新闻。其次，手机报的微缩性，使用户在繁忙的生活节奏中，不需要自己去过滤庞杂的新闻信息，可以接收手机报这种已经由编辑过滤好的信息。最后，手机报可以方便地让用户参与互动。用户可以随时编辑短信，对手机报上的信息进行反馈和评论。

其局限体现在：第一，手机报目前的新闻编辑水平还有待提升。手机报上的新闻基本是当天报纸新闻的微缩。例如，手机报编辑往往是把报纸新闻报道的导语直接拿过来作为手机报的新闻，这样就使手机报新闻完整性缺失，因为传统媒体新闻报道的导语往往由部分要素构成。第二，手机报上的新闻是快餐式的新闻，缺乏深度。第三，手机报的图片和音视频，会因为用户手机的质量而影响效果。例如，有的用户手机的像素不高，那么显示出来的图片就不够清晰，再加上手机屏幕大小的限制，手机报的多媒体阅读效果并不是很理想。第四，由于手机报的营利模式也基本都是从广告收益中获取，所以，手机报不可避免要加上广告。本来手机报的容量就有限，再加上片段的广告，会影响用户的阅读体验。

2. 新媒体新闻传播的特征

相对于传统媒体新闻传播中，媒体作为把关人的强势传播的特点，新媒体新闻传播表现出新的态势。新媒体以开放的、包容的、多元的姿态，让新闻传播不再是把关者的特权。

1）去中心化和大众赋权

去中心化，是指传统的以传播者为中心的模式被解构。在传统媒体中，媒体作为传播者，处于传播过程的中心位置，传播者拥有绝对的话语权力，决定着信息的重要与次要、数量与质量，甚至通过议程设置，决定着信息对受众的影响，对舆论的主导。但是在新媒体新闻传播的环境下，新媒体新闻事件已经不再是受新闻传播者控制的事件，从新媒体新闻被发布出来开始，作为信息发布者，已经不再对此新闻有主控的可能。此信息被受众接收，受众可以转变为传播者进行二次传播。在信息多点传播的过程中，信息的话语权力很难被一个中心控制。信息发布者的中心地位被淡化，信息的价值也不再由传播者决定，而是由大众的关注、追随和评论来决定，大众的话语权力得到了前所未有的扩张。

2）新媒体新闻传播的不确定性

新媒体新闻传播的不确定性分为两方面：一是传播的方向不明确，可以说呈现无向性的特征，而且不再有稳定的传播方和接收方，传播的两端没有稳定而紧密的联系。二是新媒体新闻事件总是处在发展过程当中，其发展走向难以预料和控制。邱林川在《新媒体事件研究》中说："新媒体事件的一个特征就是事件发展的不确定性增强。"因此舆论也呈现出一种极为复杂的众声喧哗的态势。例如，《穹顶之下》视频发布事件。柴静精心打造一年之久的《穹顶之下》，在 2015 年 2 月的最后一天的上午 10 点，通过网络平台——人民网和优酷、土豆视频网站同时发布。几个小时后，这个视频几乎在网络视频平台上都可以找到。它的影响力之大，可以用核爆级来形容。视频发布之后，几乎全网刷屏，而且持续几天之久。不仅视频得到了广泛的传播，在社交网站，也实现了人人参与的传播态势。在传播学上有一个传播强效果理论——魔弹论，指传播所到之处，人们就像被魔弹击中了一样，完全接受传播的内容。

3）传受关系的位移和传播主体的多元

在传统媒体的传播环境下，传播者和受众的关系是处于两极的关系，媒体传播者是绝对的主体，掌握着传播的主动性和话语权。即使是从原来大众传播中的单向传播发展到双向传播，媒体开始注意到受众对信息的反馈和回应，也依然难以改变受众的被动接受的地位。但是在新媒体环境下，原来的传受关系发生了根本性的变化，从理想的状态上说，普通民众已经从被动地接收信息转变为可以随时进行传播的主体。原有的传受关系发生了位移。

一是传统媒体的传播者也会变身为接收者。例如，信源从新媒体发出时，传统媒体从新媒体接收到信源，那么它就是信息的接收者。或者当传统媒体发布的信源在新媒体环境下传播时，传统媒体要收集舆情进行判断分析，那么传统媒体又变身为接收者。

二是传统意义上的受众可以随时成为传播主体。例如，可以把所见所闻所感随时发布到新媒体上，每一个普通民众都可以成为公民记者，成为传播主体。那么这个信源的接收者，原本意义上的受众可以对此信息进行二次传播，完成从信息接收者到传播者的转变。也就是说，同一个人对于同一个信源，可以既是接收者又是传播者。

三是传统意义上的传受关系是主动与被动的关系，是话语霸权和被话语强权支配的群体的关系，但是在新媒体新闻传播环境下，传播者和接收者可以平等对话，或者说拥有平等的话语权利。每个人都有权力参与传播，也有权力对信息提出评论，参与他想讨论的话题，表达自己的主张，而不受话语强权和意识形态的影响。

由于传受关系的转变，传播的主体也变得多元。具有专业资质的传统媒体、普通的草根网民、网站的编辑，甚至机械化、自动化的搜索引擎，都可以成为传播的主体。

4）超越时空的开放性和互动性

新媒体的平台基本是零门槛的，只要有一台计算机、一部手机或者一台能上网的即时通信设备，有一个网上的账号或 ID，每个人都可以在这个平台上随时随地发布信息、接收信息，按照个人的兴趣和意愿选择关注信息。这个平台是开放的，而且不论时间和地点，可以有机会评论 n 年前发生的事件。例如，2013 年发生了复旦校园投毒案后，有网友挖掘出了 10 年前发生的清华朱令案，并且吸引了众多网友的关注，把这个 10 年前发生的事件重新推到众人面前，使其又一次成为新闻热点。在新媒体新闻传播环境下，人际传播、群体传播和大众传播结合起来，传播者和受众既可以便捷地进行实时的沟通和交流，也可以超越时间和空间进行互动交流。相比大众传播时代的双向传播来说，受众从反馈和回应的被动状态，变为主动地进行平等对话和交流，这是一个非常大的变化。

5）新闻传播的融合化

新闻传播的融合化有几方面的内涵，一是指可以采用多种媒体形式进行新闻传播。也就是说，可以综合运用文字、图片、声音、视频等手段，根据新闻内容的需要进行有机结合，从而使新闻信息能够以多样化的形式被受众接收，实现多媒体化的信息传播。二是指传统媒体和新媒体在新闻传播上的融合。媒介融合是指多种媒介联合运作，共享内容资源，利用不同类型媒介的差异传播新闻信息，实现对市场的细分和占有。传统媒介可以从新媒体中获得信源，对新媒体的相关内容进行进一步的深度报道。新媒体也可以对传统媒体的内容资源进行整合利用。或者同一内容资源可以同时在传统媒体和新媒体上，根据不同媒介的特点，进行不同形式的发布。例如，同一内容资源有文字、图片、视频、音频等不同的形式，那么文字部分和图片部分适合报纸使用，电视可以采用视频，网络可以采用多媒体的形式，从而满足不同用户的个性需求。三是指新媒体编辑在编辑新闻的时候，融合各个媒体的相关新闻。例如，整合几家报纸对相关新闻的不同角度、不同侧面的报道，整合相关新闻信息的不同体裁的报道等。

6）信息生产的社会化和传播信息的碎片化

新媒体基本是零门槛的信息发布平台，无论是个人还是媒体，都可以自由地随时随地发布信息。草根获得了前所未有的话语权力，但也正因如此，传播信息的碎片化问题开始凸显。传播信息的碎片化一个是信息的发布者发布的信息没有经过议程设置，随心随时随地，没有系统没有规律，呈现出碎片化的状态；一个是原有的传统媒体的严谨系统的传播格局被打破，新媒体的传播显得分散和无序。网络所具有的虚拟性和开放性，不仅使传播主体变得多元，也使传播过程中的价值观变得多元，网络众声喧哗，个性彰显，却很难汇聚为一个宏大的声音。

4.2　新媒体新闻撰写

在新媒体环境下，新闻融合新兴技术、互联网思潮，开始适应人们生活习惯、思想观念的改变，逐渐发展出既不完全脱离传统写作，又有别于传统媒体新闻的特点和写作方法，增加了新闻在新媒体环境下的特色，符合广大受众的需求。本节将对当前时代背景下新闻的结构、语言要求、报道角度以及材料选择与加工等知识进行介绍。

4.2.1　新媒体新闻的撰写要领

1. 新媒体新闻的报道角度

报道角度反映的是新闻编辑对新闻的敏感程度，是新闻编辑从不同角度、不同侧面，对某一事物和其他事物之间的联系进行分析、比较，去报道新闻事件本身及其思想意义。它在一定程度上能体现出新闻编辑处理采访的素材、挖掘材料的新闻价值的能力和水平。越会找报道角度的新闻编辑，越能写作新颖的、价值高的新闻稿件，新闻也更容易被受众所接受，这样的新闻角度会对受众认识、接受事实起到一个"引导"或"导读"的作用。

一般来说，可从宏观和微观两种角度出发去打造更易于被受众接受的新闻内容。

1）宏观角度

宏观角度可以从选标志点、选切入点和选相关点三方面去寻找新闻的报道角度。

（1）选标志点，即具有标志性的点，相比其他内容它更具典型性与说服力，其本质是选择具有象征意义的事件去体现新闻主题，这要求这一件事在同类事件中极具代表性。例如，《150 年来伦敦泰晤士河第一次出现海豹》这一经典新闻就是借 150 年来海豹第一次出现在这个一度有毒、在生物学上已"死亡"的河水中一事，来表现泰晤士河生态环境的改变。通过这个标志性的点，人们可以感受到这一时期事物所发生的质的变化。

（2）选切入点。新闻报道中选切入点的一个重要方法就是让受众从小事上感受到巨变，这就要求报道的角度尽量能"以小见大"。从大主题中选取一个小的角度，从小处着手，这样更容易突出主题，也能挖掘得更深一些，由个性见共性，由表及里，将小的事件反映到大的层面上来。新闻角度的切入点可以从事件时间、内容、体裁、细节等多种途径来提炼。例如，在《看得见的美丽 记得住的乡愁》一文中，新闻编辑就发生在芜湖和泾县的两个示例："一条'龙须沟'的华美转身"和"一个'废品村'的标本兼治"来展现全力构建农村共建共治共享的社会治理新格局，反映了建设美丽乡村的"安徽实践"，从小的改变来映射整个社会的发展局面、趋势，达到窥一斑而见全豹的效果。

（3）选相关点，是指通过对相关的人、事物的侧面表现等来表现事件的社会意义，表达新闻主题。

例如，同样是对西藏通火车这一事件的报道，《西藏不通火车历史被改写，"青1"抵达拉萨》一文主要分了 4 个小标题来表现该事件及其重要意义，而《藏族牧民："没想到这辈子我还能坐上火车"》一文则从藏族牧民的角度对该事件进行报道。

范例：

藏族牧民："没想到这辈子我还能坐上火车"

新华网拉萨 7 月 1 日电

"你们放心，我已经上火车了！" 7 月 1 日上午 9 时许，已经进入由拉萨开往兰州的青藏铁路全线通车庆典列车的藏族牧民土登当曲，拿出手机激动地告诉家人。在"藏2"次列车第六节车厢里，记者看到三四盏闪光灯一起对准了脸色黝黑的土登当曲，记者们用镜头生动地记录下了他兴奋的一瞬间。土登当曲来自西藏那曲县，他幸运地成为青藏铁路开通庆典列车的首批旅客之一，这也是他生平第一次乘坐火车。"没想到，这辈子我还能坐上火车！"身穿藏袍、头上盘着一圈辫子的土登当曲对记者说。当然他的话都是经过和他同行的西藏安多县完全小学教师安德翻译过来的。记者注意到，土登当曲的"英雄结（辫子）"是用新的红头绳编的。他说，因为今天是大喜的日子。一直生活在草原上的土登当曲出行主要靠骑马或骑摩托车，很不方便。几十年来，他去过最远的地方是青海格尔木。当时是为了购买日常生活用品，来回花费了十多天时间。"火车开通后，我们的生活就更方便了。"土登当曲说，他有 5 个孩子，其中最大的 27 岁，他希望能带着孩子外出打工、做生意。（记者杨步月 边次 吕雪莉）

点评：该新闻报道从乘火车的藏族牧民角度出发，从侧面表现了青藏铁路通车一事及其具备的重要历史意义，角度独特，新闻表现力比起其他写法来也毫不逊色。

2）微观角度

微观角度可以从贴近社会语境的点、体现事实价值的点、与受众利益相关的点、共性中找独家的点和旧闻中找新的点五方面去寻找新闻报道角度。

贴近社会语境的点有很多，其中最明显、最有效的就是焦点与热点，它们都是人们感兴趣的话题。现在的受众，相比于以前"被动接受"，更倾向于寻找符合自己喜好的内容，如果新闻报道的内容更贴近受众所感兴趣的话题，更适合现在大部分人的阅读需求，甚至在语言习惯上更让他们觉得务实、灵动，具有亲和力，就更容易引起受众的传播与讨论。尤其是当报道从受众的角度去理解、观察新闻事件时，就会更加贴合受众的心理，此时媒体在把握正确舆论导向的前提下就可以更好地传达出自己的心声，也更容易受到受众的欢迎。

新闻的来源有很多，每分每秒，在不同的地点可能都有不同的事情在发生，因此新闻材料是非常多样化的，但显而易见，并不是所有事情都适合报道或值得报道，只有当其具备了足够的新闻价值，才具有被报道的意义。因此在面对大量的新闻材料时，新闻编辑不仅要选择具有新闻价值的点，还要选择具有独特价值、展现社会意义或有社会影响力的点，或能与受众达成共鸣的点，这样的新闻才更有价值，也更容易获得受众关注。

越与自身相关，越容易得到关注，这是由人与生俱来的"利己性"和生存本能所决定的。在新闻行业，以受众利益为出发点才能最大限度地勾起受众的阅读欲望。因此，从与受众切身利益相关的事情上找角度，回答或帮助他们解决问题，就是很妙的新闻报道角度。例如，在很多会议报道中，即便会议内容多种多样，但很多新闻媒体会着重报道与受众利益相关的提案，传递与受众更具关联性的信息，以更加贴近受众的视角去报道新闻内容，自然也就更容易吸引受众。在2019年的两会期间，全国人大代表提出的关于恢复五一长假、教师工资、社会抚养费、房价等多项议案内容就获得了广大受众的关注。

又如，食品安全一直就是人们生活的关注重点，所以海底捞北京劲松店和太阳宫店在被曝存在卫生问题后，直接登上了新浪微博的话题热搜，引起了广大受众对于食品安全的关注与重视，直到问题得到解决。人们对这类新闻的关注正好体现了新闻报道角度要与受众利益相关联的观点。

提炼独家新闻是新闻编辑的硬功夫，这需要长期积累经验并以独特的眼光细心观察，深层次地挖掘素材，在共性中寻找个性。例如，在韩国大邱市地铁起火事件发生后，深圳市民对正在建设的地铁产生了担忧，因此不少媒体通过采访深圳参与地铁建设的相关人士之后，报道了深圳地铁在安全方面采用的新技术，并简单地介绍了深圳地铁具有已达到世界先进水平的报警系统和自动控制系统的事实。但对一般受众来说，报道中提到的概念并不是那么容易理解，因此《南方日报》的新闻编辑在报道中突出了韩国地铁所不具备的安全技术，并在标题中进行了有效处理，将标题拟为以下所示的内容，使文章更通俗易懂。果然这篇稿件在同类新闻中脱颖而出，并成为独家新闻。

如果地铁起火——六分钟包你逃生（主题）

不用担心打不开车门，车厢材料均不可燃，排烟风道专治有毒烟雾（副题）

又如凤凰网曾在某市的某楼盘大跌之后，从已买房的业主角度解释了楼市、消费者、开发商、政府与投资方的整个关系链条，深度解析了降价对老业主的影响、消费者是如何被楼市"套牢"的等现象，角度新颖、见解深刻，在当时就成了独家新闻。想做独家新闻，就要善于发现，会思考、会联想。例如，有些记者从学校成绩排名或学生教育情况中看出培训机构的行业发展动向，或从家政人员的招聘要求中看出城市家政服务的新热点、新趋向。

旧闻中找新的点是指通过对比以前的旧新闻和现在的新闻，寻找新的报道角度。实际上，这是将现在的新闻报道的重点，与之前的旧话题和旧典型相结合、联系，使过去与现实相接，从中寻找新的报道角度。例如，《人民日报》的《过去统计"有"，现在统计"无"》的短新闻就是对某县委宣传部部长面对记者提问"现在全县农村有多少电视"，给出现在已经改为"统计'没有'电视机的占多少"的回答这一事件进行的新闻报道。这样新旧对比的报道角度同样表现出了发展带来的历史反差，使这篇新闻在老题材中找到了新意与鲜活感。

2. 新媒体新闻的材料选择与加工

新闻材料可以说是新闻的"血肉"，是新闻不可或缺的重要成分。新闻编辑在生产新闻内容时务必对新闻材料有足够的了解，这有助于提升其行文速度与成稿质量。下面对新闻材料的含义和分类进行介绍。

1）新闻材料的含义

新闻材料是新闻报道中编辑（记者）通过各种途径搜集的用以认识和表述新闻事实的各种情况的记载的总称。新闻编辑通过材料认识事实真相，也通过材料表述事实真相。新闻材料不仅指用于具体报道中的材料，同时也指新闻编辑在写作前积累和搜集的材料。

2）新闻材料的分类

新闻材料按照获取手段和真实性划分，可以分为一手材料、二手材料和三手材料，这也是十分直接的分类方式，下面分别进行介绍。

一手材料：指新闻编辑通过实地调查采访、现场提问和观察等手段获取的材料。这类材料直接通过新闻编辑获得，因此比通过其他途径获取的材料更加可靠真实。对于新闻编辑来说，就应该多跑现场，这样不仅能获得第一手材料，还能提高获得独家新闻的可能性。

二手材料：指新闻编辑通过采访其他新闻相关人、事后的采访、查阅资料等多种手段获取的信息。相比一手材料，这类材料的可靠性较低，来源较多，范围较广。这是因为很多新闻事件都是突发的，新闻编辑难以第一时间赶到现场，因此二手材料也是新闻编辑经常使用的。需要注意的是，不同的人其立场和看待事物的角度不同，因此对同一件事，其叙述的过程、场景的侧重也不同，这会影响编辑对整体事件的认知。所以，在面对二手材料时，新闻编辑要注意不要偏听偏信某一对象，也不要直接采用统一来源的信息，最好多做对比、相互对照，尽可能地还原事实真相。

三手材料：指除一手材料和二手材料以外的消息内容，这类消息经手的对象更广，传播过程中沾染的"杂质"更多，但其也具有价值性，可以作为一、二手材料的佐证资料和文稿的补充材料使用，丰富新闻内容。在运用三手材料时，新闻编辑一定要注意对其进行反复核实，确保所使用的消息是绝对真实可靠的。

3）新闻材料的获取来源

支撑新闻写作的材料来源是比较多的，主要包括以下4种途径。

（1）利用媒体获取受众可以通过新媒体平台、电视、广播等去获取新闻信息，了解新闻动态。同样地，新闻编辑也可以据此获取信息，在确定自己的主题或内容时参考各种热点、焦点，从中选取有价值的题材，进行深度挖掘，这也是获取新闻材料的一种来源。

（2）通过能提供消息的人获取突发某事后，如果编辑（记者）能很快到达事发现场，就可以得到当事人、目击者和知情人的采访内容。而且很多媒体都会将自己的联系方式公之于众，以便快速获取信息，当事人、"新闻线人""爆料者"等出于不同的原因，也可能第一时间联系新闻编辑，为其提供具体的线索。小提示：新闻线人是新闻行业获取新闻材料的一个重要来源，他们能够通过向媒体提供线索而获得来自对方的报酬。

（3）借助重大活动、节日获取。节假日和某些活动能自动聚焦受众的目光，如劳动节、植树节、"3·15"，有很多新闻题材可供选择，与之相关的新闻报道也确实会占据新闻媒体报道的不小比重。因此关注各种节日、活动等，也能为新闻编辑获取新闻材料提供重要的渠道。

（4）通过观察和联想获取。在平时的生活中，新闻编辑多留心观察，也能获得比较不错的新闻材料，毕竟新闻事件都来自生活。此外，研究以前的旧题材或现有搜集到的新闻材料，多思考、联系，也能成功获取新的新闻材料。当然，这要求新闻编辑善于思考和发现，能找到好的报道角度。

4）新闻材料的选取要求

选取新闻材料时也有不少的注意事项，主要需遵守以下8个选取要求。

（1）真实有效。新闻必须报道客观真实的事件，而真实的事件要靠真实的材料，如果材料弄虚作假，就会造成负面影响，因此新闻编辑选材时要严守质量关，鉴别材料的真伪，选取真实准确的材料。

（2）围绕主题。任何新闻都有其特定的主题，只有贴近主题选择的材料才更有说服力和表现力，因此新闻编辑选材时要选择能说明、衬托主题的材料，舍弃与主题无关的材料。

（3）类型丰富。这要求新闻既要有事实材料，也要有细节材料和抽象材料，其材料信息要广泛，涵盖多方面的内容，例如，现实场景、人物描述、事情的来龙去脉等，以此丰富新闻内容，展现新闻全貌。

（4）旧中取新。旧新闻并非无用，从旧新闻中挖掘新的线索同样可以"以旧变新"，站在新的报道角度找到新的高度，同样能吸引受众的注意力。但旧闻翻新要注意找由头，并不是所有的旧材料都能用，例如，《湖北日报》曾借中秋佳节儿女祭奠父母的机会，报道了陈静一夫妇为完成父亲嘱托、十几年来筹备资金资助超过一千名学生读书的故事，使旧事产生了新的价值和意义。

（5）新颖丰富。新闻的内容要新颖、生动，这样才更有感染力。例如，展现独特的、有戏剧性的情节，或从文字、图片、音频、VR 等多媒体技术等方面增加新闻的生动性。

（6）价值性高。写作新闻时，要立足于受众阅读需求和新闻的价值标准，选择价值更大的材料。

（7）不要重复。在新闻中，虽然使用的事例各有差别和意义，但说明某一问题或某一侧面时，无须列举多个意义相同的事实来强调。新闻要求的是简洁精练，因此选取一个典型事例即可。

（8）符合政策。新闻不仅传播速度快、范围广、受众广泛，甚至还背负着教化民众的责任，因此新闻编辑选择新闻材料时还要熟悉新闻相关法律、法规，不能侵犯国家利益和公民隐私，或散播不符合大众价值观的信息。

3. 新媒体新闻的写作方法

新媒体新闻写作和传统新闻写作既有相同之处，也有不同之处。但总的来说，新闻写作都是在传播一种无形的力量。从字面上看，新闻编辑只是客观地叙述他的所见所闻，但事实的叙述需要依据某一种观点，而新闻的客观叙述则掩盖了这种观点。事实上，越是好的新闻，越善于通过内容表达自己的观点，也越善于在形式上隐藏自己的观点。因此，在新媒体新闻中，为了更好地让受众接收到我们想传递的信息，并做到材料丰富、内容真实、言之有理，发挥新闻无形的力量，就要在写作上讲究方法。这可以归纳为事实说话、利用引语、材料例证、场景再现 4 个方法。

1）事实说话

事实是新闻的本源，是新闻稿件成立的依据。新闻编辑在写作新闻的过程中，可能会遇到新闻事实与自己要表达的观点不一致的矛盾，这时就更需要用事实说话，寻求材料与观点的统一。除此之外，有时新闻的内容可能会匪夷所思，让受众觉得难以接受，或者编辑在表达某种观点抑或对某种说法表示质疑时，就需凭借事实本身的说服力让新闻内容更加真实可靠。

同时，受众通过新闻媒体接收信息就是相信新闻媒体提供客观事实的能力，且是真实具体的客观事实，这就更加要求新闻写作需用事实说话。这正如艾丰在《新闻写作方法论》中所说的：新闻写作最基本的内容是事实；新闻写作最基本的素材是事实；新闻写作成败最具决定性的因素是事实。尤其是在新媒体环境中，有些新闻材料来源不可靠，且追求"噱头"，使得不少媒体发布的内容缺乏真实性；甚至有的社会新闻"驴唇不对马嘴"，新闻编辑给新闻事件胡乱编造起因经过，或将缺乏依据的、道听途说的事实呈现出来。虽然新闻也传达了一定的教育意义，但难免会让部分了解内情的受众觉得荒谬。这都是新闻编辑在编写新媒体新闻时需要注意的。

除了用事实说话，新闻编辑还要注意在大量事实中选取其中的精华，即用典型事实来更好地表现自己的观点。越典型的事实越有说服力，甚至能发挥出以一当十的效果。典型事实需满足 4 个要求：一是鲜活且受众还未知晓的；二是十分重要且具体的；三是与新闻主题贴近的；四是有明确目的性和针对性的。这样的事实典型且价值高，表现效果鲜明突出。

2）利用引语

引语就是新闻编辑在新闻中引用的通过采访得到的被采访者的话语等。在新闻中使用引语是为了增强新闻的真实感和客观性。引语可分为间接引语和直接引语两种。

间接引语是指新闻中对采访对象的意见和语言的转述，其表现形式如下。

2019 年 5 月 21—23 日，在昆明举办的 2019 腾讯全球数字生态大会上集中展示了腾讯在消费互联网和产业互联网的落地应用和技术方面的成果。在备受关注的 AI 分论坛上，腾讯副总裁姚星在发表主题演讲时表示，在技术应用上，腾讯的前沿科技已经从消费互联网长期累积的经验，不断迁移到产业互联网，走出了 C2B2C 的特色路线。而对于未来的 AI 发展，姚星透露腾讯将持续聚焦两大方向：一是多模态研究，二是通用人工智能。

通过对新闻报道的研究发现，间接引语所占的比重高于直接引语，在使用间接引语时，新闻编辑可以将自己的观点与采访对象的观点连接起来，模糊新闻编辑话语与采访对象话语之间的界限，更好地表述自己的观点。

首先，转述可以增强权威性，传达出更好的效果。例如，领导人讲述中秋是一个很重要的传统节日时，对领导人观点的转述，可以增强报道内容的权威性，相比普通的叙述更有传达效果。其次，新闻编辑可以通过"强调""表示""叮嘱"等积极动词增强转述语言的表现力度，这不仅提供了一个强有力的消息来源，还有助于塑造领导人的形象。最后，增加转述还代表认可赞同其观点的效果。在某种情景下，转述还具有解读被采访对象感情的作用，能引导受众的感情，深化报道效果。

同时，间接引语也是将官方语言转换为大众更容易接受的语言的方式。此外，间接引语在交代背景，进行铺垫、补充等方面也有十分重要的作用。

直接引语是指用引号引起来的采访者的原话，要求引文必须原原本本、准确无误、绝对忠实于被采访者的思想与语言。因为新闻是在陈述新闻事实，陈述过程中可能会有新闻编辑的转述观点，这虽然也会让受众产生直观感受，但不如直接引语清晰生动。因此在新媒体新闻写作中，使用直接引语也是一种重要的方法，如下所示。

近年来，离婚率的上升和晚婚人数的增加是备受关注的话题。在张小娴的观念里，婚姻和爱情没有画等号。她也并不觉得晚婚有什么不好，"一个人要足够成熟，才可以面对婚姻。""婚姻是蛮琐碎的事情。如果你有 80 岁的寿命，但 20 岁或者 24 岁结婚，有好几十年要和另一个人一起，你能忍受他吗？"张小娴提出了假设，"难道 30 岁还没结婚就是晚婚吗？其实 30 岁还是很年轻的。一个女人最好的年纪，是 35 岁。"直接引语少了新闻编辑的转述性描述，可以增强新闻的客观性，增加可信度。直接引用采访对象的话语，还能增强新闻报道的真实感和生动性，塑造对话性和互动感，让报道更有现场感和人情味。另外，利用直接引语，新闻编辑还可以借新闻报道中的人物之口，讲出自己想说但不便直说的话。

总之，这两种引语使用方法都能增加新闻的可信度，虽然在可信度方面直接引语更胜一筹，但两者有不同的作用。新闻编辑可以根据具体情况灵活使用，更好地增强新闻的表达效果。

3）材料例证

新闻材料是新闻事实的重要佐证与表现材料，随着新闻报道形式的不断拓展和深入，受众对更详尽、更深层信息的需求更迫切，新闻媒体对信息的处理越来越精细化，新闻背景材料也被越来越多地运用到新闻报道中。因此在写作新媒体新闻时，新闻编辑要善于借鉴这种手法，利用材料例证来增强自己的表达效果。

在新闻背景材料的相关内容中，介绍了不同的新闻背景材料类型，它们可以与新闻事件形成有机的联系，更加充分、完整、全面地展现新闻内容，突出新闻价值。因此如何利用新闻材料进行更有效的例证也成了新闻编辑需要关注的内容。新闻材料的例证主要有以下两个特点。

背景材料选择什么，使用什么手法，完全取决于新闻主题的需要，新闻的任何内容都是为新闻主题服务的。新闻材料运用越得当，新闻主题就会显得越深刻，新闻也会越有价值。在符合主题的情况下，新闻编辑可采取以下 4 种方法来进行材料的运用。

（1）对比。指对不同的材料进行对比叙述。利用这样的手法来衬托所报道的事件，能更好地突出事件的本质与内涵，向受众传达新闻编辑的真实意图。

（2）联想。指运用联想的方式选择材料，将本次新闻要报道的事件与其他相关联的一件事或几件事联系起来，综合陈述。这样可以扩大事件的纵深度，使内容更加丰富，也更有利于受众思考。

（3）多方补充佐证。指利用多种材料来补充该新闻事件。很多事件的背景材料并不是单一的。对于一起社会事件，可以补充该事件的起因、当事人的家人和朋友的描述、事件的环境背景、历史背景以及网友观点等，这些都可以作为材料，用以对新闻内容进行补充，拓展新闻事件的广度和深度。当然，新闻编辑应根据自己表达和内容的需求，选择更合适的多种材料。

（4）根据角度选取。指从自己报道的角度，新闻编辑一般会选择体现自己思想与立场的材料。不同的报道角度会影响新闻材料的选择，同一个新闻事实，不同的材料会让受众产生不同的判断。例如，在当事人的家庭关系中，是要体现其家庭环境对他产生的影响，还是着重描写他从小就特立独行、有自己的想法，这对人物的塑造是不一样的。其实质是从"面"上去思考"点"的选择，这种材料的选择方法也会对新闻内容的整体呈现产生影响。

当材料契合主题时，材料的位置可以灵活选择，不拘一格，材料可放置在标题、导语、主体、结尾等不同的地方，补充新闻内容，与稿件融合。

（1）位于标题处。标题可以有多行，当有重要材料需要进行说明时，可以在标题的眉题或副题之中进行表现。如下所示为《广州日报》曾发布的一则新闻的标题，引题部分是对一名国外女子险些失明事件的原因进行解释的背景材料，起到了解释说明的作用；如果缺失它，标题的完整性会大打折扣。

错把强力胶当眼药水眼睛被粘住（引题）一国外女子险失明（主题）

（2）位于导语中。在导语中引用材料，可以提高新闻的价值，达到一语中的的效果。如下所示的导语，不仅是对之前备受网友关注的事件原因进行说明，同时还呈现了另一则材料，即事件如今的处理结果，表明相关人员已受到或将会受到处理。这样，受众能比较完整清晰地获取这则新闻的大致信息。

新京报讯（记者 雷燕超 王瑞文）"河南周口婴儿丢失事件"有新进展。今日（2019年5月20日），新京报记者从知情人处获悉，该事件系男婴母亲因家庭矛盾，和其亲友策划"自导自演"的。目前参与策划的多人已被拘留，（男婴）母亲尚在哺乳期，等哺乳期过后也将受到处理。

（3）位于主体中。这是新闻中较常用的材料运用方式，主体部分经常有各种材料出现，能为事实叙述起到很好的铺垫作用，加深受众对事实的理解。该篇新闻的内容主要是对"周口男婴事件"的追踪报道和隐情介绍。其主体开头便直接承接了上一则导语的内容，对该事件的早前报道和目前的案情进行了介绍，基本展示了整个事件的全貌，这些都属于该新闻事件的背景材料。

（4）位于结尾处。结尾处的材料可以深化文章主题，该处材料可以是对内容的补充说明或对事件的评价，可以让新闻更加回味无穷。如下所示为《北京日报》对管虎的电影《八佰》中重现苏州河两岸风貌的报道。该报道着重于对该电影为了呈现出最好的视觉感，电影方开展"大制作"，尽力重现真实场地这一事件进行说明。报道在结尾对该影片的预售情况这一材料进行说明，实则佐证该电影由于其"大制作"，吸引了不少受众的关注，目前来看成绩将会比较可观，表达了对电影的好评。在运用材料时，要注意高度概括、言简意赅，不要喧宾夺主。同时要选择正确的位置，虽然材料能放置在不同位置，但位置不能混淆，不要将该放在导语中的材料放在标题处、将主体中的材料放到结尾处，这样会降低新闻的价值。材料的位置应根据新闻主题表达的需要、布局特点等来决定。

4）场景再现

场景再现是报道新闻事件的一种强有力的表现手法，它是新闻编辑通过对某些现场情景的具体描述，再现当时场景、画面的描写手法。

在新闻中运用场景再现，一般是从现场当事人的角度将受众带入现场，如让人亲临现场，受众在"直击"现场的状态下体验编辑想要传达的事实和画面，这种新闻表现手法可以增强新闻的说服力，更容易获得受众的理解。如下为《香港掀起"高铁热"市民兴奋期待参观高铁站》新闻的部分内容节选。

新华社香港2018年8月25日电（记者张雅诗）"拿到了！拿到了！"一名香港市民顺利领取到参观广深港高铁香港段西九龙站的入场券，难掩兴奋之情。

　　广深港高铁香港段将于 9 月下旬通车，一股"高铁热"逐渐在香港形成。港铁公司将于 9 月 1 日和 2 日开放西九龙站让公众参观，并于 8 月 25 日上午 9 时开始，分别在全港 5 个地点免费派发共两万张入场券，吸引大批市民领取，所有入场券在当天中午前已经发完。

　　25 日上午 8 时许，其中一处入场券派发地点——位于东部的杏花村已经排着超过 100 人的长队。在露天位置等候的市民，即使站在太阳底下晒个正着，也热情不减；有的人则撑着伞、扇着扇子，甚至带着凳子，做足准备。

　　由于排队人数多，港铁提前大约半小时派发入场券。不少取得票的市民，表现雀跃，一手拿着票，一手拿着手机自拍留念。该部分内容主要描写了香港市民排队的场景和拿到票的市民的动作，笔法细腻地塑造了领票现场的情景，使市民拿到高铁入场券的喜悦之情跃然纸上。

4.2.2　新媒体新闻撰写的误区

1. 新闻材料使用的注意事项

　　在新闻稿件中，新闻材料经过了各种鉴定、筛选，才会被组合成一篇稿件，但这些经过"考验"的新闻材料也并不一定直接可用，编辑还需要注意以下 3 个问题。

　　（1）注意新闻材料的搭配。新闻材料可能包括图片、文字、视频、表格等多种形式，在新媒体时代，很多受众会更愿意看多元化的、表现力强的、图文并茂的新闻。因此新闻编辑在使用各种素材时，要从受众的审美心理、阅读偏好以及主题表现等综合角度出发，打造出内容丰富、吸引力强的新闻稿件。

　　（2）进行新闻材料的取舍。在传递新闻信息时，必须知道哪些信息是必需的，哪些是可以精简或省略的。因为必需的信息要承担帮助受众了解事实真相或表现社会意义的作用，所以这类信息不能省略或被有意剪辑。例如，事物之间没有联系，让受众阅读后有疑惑感；或者新闻编辑对材料进行有意地省略，如多人见义勇为，却只将报道主体聚焦在一人身上，着重渲染一个对象，对其余人只字不提，将事件的社会意义浓缩在事件中的个体上，这种做法就是刻意地取舍，违背了新闻真实的原则，是不可取的。

　　而写作新闻时，其内容一般短小精悍，只报道一个重要事实，因此其余相似或有关联的材料就不用花大笔墨描写，可以精简、不写，或另外做系列报道。

　　（3）写明新闻材料的来源。写作新闻时，如果以其他新闻媒体的报道作为提要的材料，或在文中引述当事人、知情人、权威人士、学者、专家的话或其他给予线索的人提供的信息，这时候新闻编辑应明确展示信息源，以提高新闻材料的可信度。

　　若某些材料的提供方确实因为敏感原因或出于保护自己的目的需要匿名，新闻编辑应当确认其消息来源是否可靠，匿名原因是否正当。一般来讲，只有出于上述原因，且该新闻确实缺乏其他消息来源以及报道内容确实十分重要时才会采用匿名手段。

　　在呈现新闻材料时，一般不允许匿名，这是为了避免因随意匿名造成的虚假报道情况

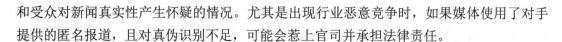

和受众对新闻真实性产生怀疑的情况。尤其是出现行业恶意竞争时，如果媒体使用了对手提供的匿名报道，且对真伪识别不足，可能会惹上官司并承担法律责任。

2. 反对"合理想象"

合理想象是指从已知的事实去推测记者没有采访到或无法采访的可能发生的"事实"或存在的"思想"，并作为事实来报道。这是新闻编辑为了追求新闻的完美性与可读性，从已知事实出发，以常理进行推测写作的一种手法。因为是从结果进行推导，即便是不真实的，其事实也有几分真实的可能性，所以将其称为"合理"的想象。

但在新闻领域中，新闻要求客观真实。既然是"合理"的想象，就难免会出现主观倾向，产生与事实不符的推测，如想象人物的心理活动、推测事情的细节以及没有目击者的场景等。这些想象会影响新闻的真实性和客观性，为其添加一层主观色彩，造成"客里空"现象，这对新闻来说是不利的。

"客里空"讲的是苏联 1942 年出版的剧本《前线》中的一个前线特派记者，他不上前线，不深入部队，每天待在前线总指挥部里，信口开河、弄虚作假，"创造"新闻，引起了新闻界的热议，因此反"客里空"是新闻写作的一贯要求。而合理想象最大的问题就是会与事实产生出入，这违背了新闻对真实性的要求。

例如，《宁波日报》的记者谢健曾经在《杜绝"合理想象"——从追踪采访中国"网姐"陈帆红看人物报道的真实性》一文中对"合理想象"表达了反对意见，提出不少媒体在对宁波残疾姑娘陈帆红的采访报道中，经过"合理想象"，写陈帆红患病时痛得"天昏地暗""如刀割般"，其"父母终日以泪洗面"，而实际上，这种痛感的描写经过了编辑的加工。另外，谢健表示"陈帆红的父母都是宁波大学的教授，为鼓励女儿战胜病魔，虽然内心是无比担忧和牵挂，但表现得却非常坚强"。谢健对"合理想象"表示了强烈的反对，要求加强新闻编辑的职业道德教育。

小王是"每日新闻"的新媒体编辑，平时会进行一些采访、拍摄、写稿和新闻专题策划等方面的工作，并将新闻内容发布在各个新媒体平台上。下面是小王工作中的一些处理方法，你认为不正确的有哪些？

（1）小王在组织背景材料时，会注意材料内容与段落内容之间的结构关系，不会对背景过分着墨，以免喧宾夺主。

（2）在新媒体平台上发布文章时，小王偶尔也会用一些当前网络上流行的、有趣的词语，为文章增加一些趣味性。

（3）小王在工作时，突然收到了一封邮件，对方提供了一个非常有爆点的线索，而且"有图有真相"。小王知道这个内容非常有话题性，通过文末的联系方式联络了爆料人确定其真伪之后，便火速写文章发布此事。

（4）小王在写一则新闻时，涉及某个历史人物的事迹，为了更好地凸显主题，展示社会价值，小王根据该人物当时面临的情景，对其动作细节做了一些小小的刻画，以丰富人物形象，增强文章感染力，使情节更加生动。

点评：在写作新闻时，如果不多方求证消息来源的真伪，听信一面之词而采用了该消息，在报道引起关注之后，很容易产生不好的社会影响，也会影响媒体的公信力。另外，对历史人物的动作细节刻画有违新闻的真实性原则，也可能会引发受众的质疑，因此最后两项的做法均不恰当。

4.3　新媒体新闻案例分析

在新媒体平台上，不同体裁的新闻在时代的浪潮中发生了潜移默化的改变。下面将列举不同体裁的新闻案例并对其进行分析，以便读者更加深入地了解新媒体新闻的特点与写作方法。

图 4-1　案例一新闻消息

4.3.1　新媒体消息案例分析

在新媒体环境下，新闻消息有了更加多元化的发布渠道，其写作方式既沿袭了传统新闻消息的真实性、时效性、短小精悍的特点，也发生了一些新的变化，下面结合案例进行具体分析。

案例一

新民晚报新民网在其微博公众账号上发布了一则新闻消息，如图 4-1 所示。

案例分析：这则新闻消息用简洁、凝练的语言报道了 4 岁"萌娃"会"侧方位停车"的事件，其叙述清晰明了，内容客观、直白，通俗易懂，语言简洁、不拖沓。在新闻消息的结尾添加了视频超链接，补充了新闻消息的内容，以"文字＋视频"的方式为受众提供了更加直观的阅读体验。

案例二

微信公众号"新京报动新闻"在微信公众平台上发布了一则新闻消息，如图 4-2 所示。

案例分析："新京报动新闻"主张"用最潮方式呈现最热新闻"，这则新闻消息采用短视频的形式，将新闻事实用视觉化的方法呈现出来。读者通过观看视频，结合简洁的文字，能够更为直观地获取新闻事实的全貌，这样更能吸引受众的关注。

图 4-2　案例二新闻消息

4.3.2　新媒体通讯案例分析

新媒体通讯以其严格的真实性、报道的客观性及描写的形象性见长，是人们喜闻乐见的新闻体裁之一。

2017 年，《工人日报》在其微信公众号上发布了一篇通讯《见字如面！24 万字写下最美"情书"》，如图 4-3 所示。

图 4-3　新媒体通讯案例

案例分析：这篇通讯用生动形象的语言记录了一对夫妻 23 年里聚少离多，通过文字交流的平凡故事。该通讯通过叙述夫妻间独特的情感交流方式，描绘出质朴无华的亲情之美、人性之美，表现出劳动者的温暖情怀，带给读者久违的感动，传递了社会正能量。

该通讯以感人的情节、细致的描述，为读者呈现出温馨的家庭画面，以"随手写下的留言，笔笔写出的爱意，期待与牵挂，相知与守候，与子偕老的'家庭心灵史'尽在其中"等评论性的语言表达了作者鲜明的立场和观点，即这样淳朴的家风、真挚的情感是值得称颂的。

4.3.3　新媒体新闻特写案例分析

新媒体新闻特写是用类似电影拍摄中的"特写镜头"的手法来反映事实，是作者深入新闻现场采写的一种现场感较强、篇幅较短的新闻文体。新媒体新闻特写往往用文学的手法集中描述某一重大新闻事件的发生现场或者某些重要、精彩的场面，生动形象地将所报道的新闻事实呈现在读者面前。

如图 4-4 所示为观山湖区融媒体中心在网上发布的一篇关于"数谷之光"灯光秀的新媒体新闻特写。

图 4-4 新媒体新闻特写案例

案例分析：这篇新媒体新闻特写再现了"数谷之光"灯光秀的壮美景象，通过截取观赏者拍照留念和一名建筑工人与妻子通过视频聊天分享美景的两个典型片段，集中反映了灯光秀给人们带来的震撼感受，结合现场图片，更能给人以真切之感。

4.3.4 新媒体新闻专访案例分析

相对于其他新闻体裁，新媒体新闻专访以鲜明的人物、典型的事例或大众关注的问题等为采访的对象，采访者只有抓住关键点进行采访沟通，才能挖掘深层次的问题，让读者对被采访对象产生更为深刻的认识。

如图 4-5 所示为微信公众号"爱阅公益"在微信公众平台发布的一则人物专访。

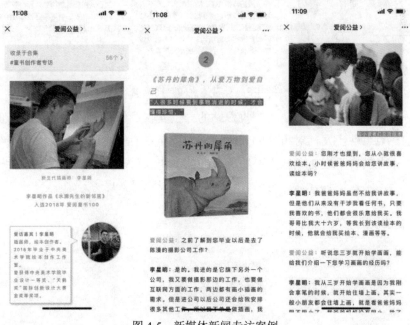

图 4-5 新媒体新闻专访案例

案例分析：这是一篇典型的人物专访，作品通过对"90后"插画师李星明的采访，将其创作绘本的心路历程以人物对话的方式层层展开。这篇专访围绕被访问对象的大体经历和主要成就提出问题，对其作品《水獭先生的新邻居》和《苏丹的犀角》的创作历程进行了详细介绍，整体内容充实，具有可读性，也将一位心怀梦想的"90后"插画师的闪光形象呈现在读者面前。

4.3.5 新媒体新闻时评案例分析

在新媒体环境下，信息传播的时效性大大增强，新闻时评在主题与观念表达等方面都得到空前拓展。公众感兴趣的热点事件都可以成为新闻时评的议题，公众的言语表达愈加自由，观点碰撞日趋激烈，语言也更加鲜活，这些都推动着新闻时评进一步焕发生机。如图 4-6 所示为荔枝新闻在今日头条上发布的一则新闻时评。

图 4-6　新媒体新闻时评案例

案例分析：这篇新闻时评从毕节收费站的一位女收费员被司机骂后哭泣，但下一秒仍微笑服务的热点事件出发，对事件的前因后果做了简要的叙述，赞美了女收费员时刻保持工作热情的敬业精神，也对一些人对服务行业的工作人员缺少尊重的现象进行评价。该篇新闻时评观点清晰，评说合理，足以引起读者的重视和深入思考。

第 5 章　新媒体微文学创作

观看视频

　　微文学，又叫短文学、精短文学，是以较短篇幅展示文学作品的形式。微文学是国内起步很晚、发展较快、有一定发展空间和潜力的新兴文学。微文学把整体视野投向社会最广泛的普通"文人"阶层，紧随时代步伐，内容风格成熟优雅，能引人思考，催人奋进，主要以一些"小人物""微视角"作品引起读者的共鸣。

5.1　认识新媒体微文学

　　媒介的发展变化对文学形态的演变历来都有着深刻的影响。到了新媒体时代，数字技术的更新和移动终端设备的普及为文学的发展提供了更多的可能性，人们获取信息的方式日益多元化，阅读习惯也朝着碎片化、浅阅读的方向发展。随着短信、微博、微信等新媒介的广泛应用，微文学作为一种新的文学样式产生并流行起来。与以往的鸿篇巨制相比，微文学以其短小的篇幅、灵动的思想以及丰富的内涵深深吸引着人们的目光，同时也深刻地影响着人们的创作方式、表达方式和阅读行为。

5.1.1　微文学的概念

　　微文学又称短文学、精短文学，是以较短的篇幅展示文学作品的形式。由于新媒体微文学是伴随着微博的兴起而发展起来的，因此其最初的字数限定也以微博为准，作品字数限制在 140 字以内。之后，微文学在微信及其他手机客户端逐渐发展，篇幅控制在 800 ～ 1000 字，微电影剧本则以较短的视频内容为限。从类型上来说，微文学包括微小说、微散文、微诗、微评论、微电影剧本等。

　　随着写作载体的变化，微文学的发展也经历了不同的时期。1999 年，短信开始在国内投入使用并逐渐流行起来，这种每条最多 70 字的文本形式给当时人们的生活带来了不少便利，拉近了人与人之间的距离，逐渐成为当时的一种潮流。

　　2001 年，随着社会经济的不断发展，加之手机短信月租被取消，短信被更多人接受，成为当时人们工作、生活中必不可少的交流方式，以手机短信为载体的微文学在这个时候开始兴起。2002 年，短信祝福语、搞笑段子受到了人们的热捧，如图 5-1 所示。

图 5-1　短信祝福语、搞笑段子

除了普通民众的广泛参与之外，此时还出现了专业的短信写手，一些短信文学大赛也提升了人们创作的热情。由陈白沙编著的中国第一部短信小说《短信情缘》在这一时期出版，短信这种文本形式展现出更多的文学性。

2003 年开始，微文学进入快速发展阶段，越来越多的人参与到以短信为载体的微文学创作中。短信文学涵盖的内容也越来越广泛，手机用户时常被推送一些时事新闻、精品小文、搞笑段子等，由于其篇幅短小（70 字以内）、形式简单，所以深受大众喜爱。

2005 年，由《天涯》杂志社联合中国移动举办了"全国首届'全球通'短信文学大赛"，挖掘了一部分短信文学中的经典作品，也引起了文学界和评论界的关注，为微文学的传播起到了积极的推动作用。例如，大赛一等奖作品——《墙上的马》。

墙上的马

作者 布衣

一匹马，被水墨钉在墙上

它的思念飘零

它的肉体和啸声

薄成一张宣纸

我了解它的饥渴和焦虑

所以，这么多年来

我一直代替它

在城市的水泥地上

奔跑，苦苦寻找

一棵鲜嫩的草

2007 年，中国移动推出"飞信"业务，以其免费短信和多终端登录的优势赢得了用户的青睐，这一更为便捷、低成本的交流载体让短信文学得到了更为快速的传播。

2009 年，新浪网推出新浪微博，用户可以将自己看到的、听到的、想到的事情写成一句话，或者发一张图片，通过计算机或者手机随时随地分享给朋友；还可以关注朋友，及时看到朋友们发布的信息，并留言讨论。一些作家、名人争相入驻新浪微博，吸引了大批网友的积极参与。

2010 年，由闻华舰创作的首部微博小说《围脖时期的爱情》在网上受到了人们的追捧。在这一时期，微文学大赛也火热开展，例如，2010—2011 年新浪连续推出两届中国"微小说"大赛。微博的推广让传统作家找到了新的方式来创作，普通大众也有了一个接近文学、表达自我的平台。在人们的积极参与中，微文学日渐兴盛起来，其文学的属性得到进一步加强。

2011 年，腾讯推出了微信，通过其朋友圈、公众平台等，微文学得到了进一步的发展。人们可以利用朋友圈或者申请微信公众号进行自由创作并分享，订阅的公众号也会向受众推送精彩文章，以满足受众的阅读需求。在篇幅方面，微信中的文学作品虽然没有微博中那样严格的字数限制，但仍以精练、短小的特点适应着新媒体时代人们的"浅阅读"模式；

在表现形式上，依托于微信的强大功能，在微文学作品中可以插入图片、音频和视频等，这大大增强了受众的视觉体验。与此同时，还出现了一些优秀的微文学期刊和网站。

在智能终端设备高度普及的今天，微文学有了更大范围的受众和更为广阔的发展空间，微博、微信以及其他手机客户端的流行也为微文学创作提供了良好的"土壤"。在新媒体时代，微文学逐渐成为人们日常生活中重要的表达方式，人人都可以参与微文学的创作，人人也都可以是微文学作品的读者。正是新媒体技术和传统文学的融合，使微文学得以产生并不断壮大，形成了聚合效应，可以说，新媒体对微文学的发展功不可没。

从内容上讲，微文学是这个时代快节奏的产物，它的创作素材来源于现实生活，创作者通过凝练的文字来描绘自己对人、对事的感触和体验，作品往往以小见大，带给人们不一样的审美情趣。

5.1.2 微文学的特征

现在人们的生活节奏不断加快，微文学的形式和内容极大地契合了读者的阅读方式。作为新媒体环境下发展起来的文学形式，微文学呈现出与传统文学不同的特征，以短小的篇幅蕴藉了丰富的内涵，用微小的瞬间还原了生活的真实。微文学以其广泛参与性和即时互动性为人们提供了更多抒发感情、表达自我的空间。

1. 篇幅短小，内容凝练

微文学篇幅短小，内容高度凝练，这与我国古典文学创作所讲究的简洁精悍是一致的。例如，我国第一部诗歌总集《诗经》，其"国风"部分就是以简短凝练的文字反映当时各个诸侯国的民情民意，既有对爱情、劳动等美好事物的吟唱，也有怀故土、思征人及反压迫、反欺凌的怨叹与愤怒，如《诗经·国风》中的《王风·采葛》，全文通过简单直白的三句诗将思念爱人的情感生动地展现出来，寥寥数语却能拨动读者的心弦，浓缩出"一日三秋"的千古绝唱。

王风·采葛先秦

佚名

彼采葛兮，一日不见，如三月兮！

彼采萧兮，一日不见，如三秋兮！

彼采艾兮，一日不见，如三岁兮！

又如《三字经》《弟子规》等，也都是古典文学中文风简洁凝练的代表。虽然这些作品篇幅短小，但意蕴悠长，至今读来仍让人为之动容。

微文学的出现既沿袭了古典文学简洁、精悍的传统，又适应了新时代大众碎片化的阅读方式。在新媒体环境下，人们的注意力很难持久，也少有完整的时间去进行深度阅读，于是随时随地、省时省力的碎片化阅读方式应运而生。在这种情况下，宏大叙事性的长篇文学很难吸引读者的目光，而微文学则以其形式之"微"满足了大众的阅读需求。

例如，如下是由新浪微博举办的中国首届微小说大赛中的最具人气作品。

我因车祸而失明，所以我从不知女友长什么样。那年，她得了胃癌，临终前她将眼角膜移植给了我。我恢复光明后的第一件事就是找她的照片，然而我只找到她留给我的一封信，信里有一张空白照片，照片上写有一句话："别再想我长什么样，下一个你爱上的人，就是我的模样。"（作者：信天云）

在这篇微小说里，作者只用了短短的 124 个字就为读者呈现了一个完整且有血有肉的故事。这个故事不但情节完整，而且设置了"不知女友长什么样"的悬念，主人公在女友的帮助下重获光明，在恢复光明后的第一件事就是想知道女友的样子，这个问题同样也牵引着读者的好奇心。而小说的最后一句"别再想我长什么样，下一个你爱上的人，就是我的模样"给出了答案，虽然这个答案看起来只是平平淡淡的一句话，但其中闪耀着人性的光辉，这份无私而博大的爱令人动容。小说的每一句话都推动着情节的发展，多一个字会显冗余，少一个字则显不足，简洁凝练的文字无一不是经过作者思考和沉淀得出的，读者在体会文字张力的同时，也会感受到人性之美。

又如，国外的一句话小说："First friend, then lover, finally stranger."（初识为友，后成恋人，终成陌路。）全文仅用了 6 个单词，就为读者创造了无限想象的空间，让人感慨万千，回味无穷。

2. 蕴藉丰富，微言大义

微文学的篇幅虽然精练短小，内容中所体现的价值却没有"微"化。微文学之所以深受大众的喜爱，其最大的原因就是在精练的语言形态下，文字依然能够蕴藉丰富的内涵，传递人生的价值与意义。

微文学选取生活中微小的横断面，运用或朴实或清新灵动的语言，为读者呈现了社会万象、人生百态。在微文学题材中，既有对美好感情的抒发，又有对人生哲理的思考；既蕴含着作者真实生活的体悟，又有对社会现象的诙谐表达。总之，微文学以其独特的视角为读者搭建了一个个微小却耐人寻味的社会生活场景。

例如，如下是第三届"善文化微散文"大赛的获奖作品《饮料瓶》。

"周末总爱到小区的篮球场打球，每到下午六点都会有一名小区清洁工来拾取饮料瓶。她一人带孩子，大家都知道她的艰辛。每次在她来之前，我们都会把饮料喝完，将瓶子摆好。原先自己带水杯喝水的也改成了买矿泉水。看她弯腰拾起塑料瓶，仿佛看到每一个瓶里都承载了一片希望。"（作者：天生不爱吃鱼）

这篇微散文以日常生活中的小善举为题材，将平凡中的善念以寥寥数语表达出来。看似普通的饮料瓶承载了人们美好的心意，寄托了"我们"对小区清洁工的美好希望，也让人性之美熠熠闪光。

微文学以小见大，用生活中的一个点折射出大千世界的多个面，为读者营造出"一花一世界，一叶一菩提"的美好意象。

3. 创作者大众化，受众面广

在传统媒体时代，作品的发表和出版都会受到严格的限制，而在数字技术高度发达的

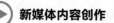

今天，每个人只要有对生活的感悟和创作的灵感，就可以通过各种新媒体平台发布出去，创作者由专业的创作者扩大到社会各个层次的普通民众。

例如，由新浪微博发起的第二届微小说大赛，启动 10 余天便收到了超过 80 万部微小说。在这 80 多万部作品中，有 67 万部来自草根网友，而新浪微博认证名人和达人用户创作的作品也分别超过了 6 万和 2 万。可以这样说，微文学是一种亲民的文学，它圆了普通大众的"文学梦"。

微文学聚焦于普通人的喜怒哀乐与悲欢离合，其涵盖的内容更贴近普通人的平凡生活，因此微文学的受众面更广。又因其篇幅短小的特点，所以在传播上更具优势，人们可以在碎片化的时间里参与微文学的创作和阅读，从而获得自我表达和即时浏览的愉悦感。

4. 互动性强

互动性是新媒体技术赋予微文学的属性。在传统文学创作中，读者与创作者沟通的方式十分有限，读者往往通过作品来了解创作者的写作意图，而在微博、微信等平台广泛应用的新媒体环境中，读者与创作者有了更多交流互动的机会。

读者在完成阅读后，可以充分利用微博、微信等平台的互动功能即时评论、转发、分享与点赞；而创作者在发布作品后，也可以在第一时间通过与读者的互动了解其需求和偏好，这样既能从中吸取读者的意见和建议，对作品做出合适的调整，又可以获取创作的灵感，完善以后的写作思路。

5.2　新媒体微文学创作要领

在全民参与微文学创作的热潮中，因为创作者水平良莠不齐，造成微文学作品质量难以保证。新媒体时代，微文学的创作者应当把更多的目光投向作品的文学性和可读性上，掌握微文学的写作要领，提升作品的价值。不同体裁的微文学，其写作要领不尽相同，下面分别对微小说、微散文、微诗、微评论、微电影剧本的写作要领进行介绍。

5.2.1　微小说的创作要领

微小说就是以微博为主要载体的超短篇小说，受微博体例字数限制。微小说原是作为超短篇小说的一个类别存在，后来在媒介技术的推动下逐渐发展成一种独立的文学样式。

微小说是一种新兴的小说形态，是微博价值延伸的一种生动体现。微小说是微文化诞生的基础，由此衍变出微电影等微文化形式的作品。微小说的主要特征是形式上短小精悍，内容上贴近真实生活，反映社会现实，体现时代精神。微小说是信息化时代特有的产物，在快节奏的社会生活中，满足了人们强烈的审美及情感表达需求。

中国微小说的创始人是作家闻华舰，其代表作品是长篇微博小说《围脖时期的爱情》。这部小说于 2010 年 1 月 29 日开始在新浪微博上连载，2011 年 4 月正式出版发行，开创了微博小说的先河。

2010 年 5 月，陈鹏的时尚微小说《eilikochen 京都生活记》在腾讯微博上发表。作者用简短的 140 字记录见闻趣事，用纪实的方式讲述了主人公 eilikochen 从大学毕业后到开始工作的一系列琐事，以及生活中点点滴滴的心路历程。该作品用零碎的语言勾勒出北漂一族的生活与梦想，写出了读者的心声，引发了人们的极大关注，也让微小说这一文学样式得到了极大传播。

《eilikochen 京都生活记》第十回：可能是今天天气好的缘故吧，我的第一份原创被我的上司认可，意想不到地得到了客户好评，如果有可能把我们的竞争对手击败得到这个大客户。呵呵！明天还有更重要的事情。秘密，不告诉你们了。夜还是那样黑，但我的内心充满光明。光射向未来那只属于我……

《eilikochen 京都生活记》第一百一十三回：第二个晚上 12 点还未入睡，你都必须做！无论喜不喜欢，你都必须喜欢。因为我就是 #eilikochen#。自己给自己定位多高的目标，身为优秀的自己就必须到达，即使别人觉得你想要的目标是浮云。留下微笑，勇于前进！！

微博的"微"，就在于其有严格的字数限制。在限定的字数内完成一个作品，对小说的整体性和逻辑性都有着极高的要求。从本质上来说，微小说要求故事情节单一、细节精简、风格单纯、语言简约，所以在进行微小说的创作时，创作者要做到选材精致、结构巧妙、含义深刻。

要想创作出优质的微小说作品，创作者需要掌握以下要领。

1. 截取生活中平凡却闪光的片段来打动读者

传统小说的三要素包括人物形象、故事情节和典型环境，创作者可以通过对人物形象的塑造、故事情节的叙述，以及对典型环境的描写来抒发感情，传递思想。而微小说因其篇幅的限制，很难将小说的三要素充分展开，所以创作者在进行微小说的写作时，要选取一个微小却意蕴丰富、平凡却闪光的片段来表现作品想要表达的主题。

这样的片段可以是一段简单的对话，也可以是一个瞬间的场景再现，还可以是某个细节的突显。读者可以通过这个片段产生丰富的联想，对其中所蕴含的哲理进行深入的思考，从而达到"言有尽而意无穷"的效果。

例如，下面这篇由"花李淡色"发布在新浪微博上的微小说。

儿子："我要好吃的。"

父母："好好好，买。多吃点儿，别饿着。"

儿子："我要衣服。"

父母："好好，买。多穿点儿，别冻着。"

儿子："我要结婚。"

父母看着住了半辈子的房，再看看儿子，微笑着说："……好，买房。"

几年后，儿子跪在墓前泣不成声："我要你们。"

这次他没有得到任何回答。

这篇微小说采用简单的对话形式，以儿子和父母的对话为主线，叙述了儿子对父母无止境的索取，以及父母给予儿子的物质满足和爱。小说最后以儿子没有得到任何回答作为结尾，既映射出现代社会一些子女只知索取却来不及回报的现象，同时也表现出父母之爱的伟大，让人读之既有遗憾，也有感触。

又如，下面这篇由张蓓（桃子夏）发布在新浪微博上的微小说。

她离乡打工，独子豆豆交给爷爷带。豆豆调皮，经常跟隔壁的妮妮打架。她恨铁不成钢，春节回家，训斥豆豆："不准打架，跟妈妈去隔壁道歉！"

豆豆委屈地哭道："谁叫她骂我是骗子。"母子到了邻居家。一见到妮妮，豆豆攥紧妈妈的手，骄傲地对妮妮说："哼，你看！我没骗你吧？我也有妈妈！！"

这篇微小说只是围绕生活中的一件小事展开，记叙了离乡打工回来的"妈妈"不允许孩子打架，却不知道孩子打架的真正原因是别人以为他没有妈妈。该小说再现了"妈妈"对孩子道歉的场景，通过这个场景让读者切身体会到当今社会中留守儿童缺失父爱或母爱的可怜和辛酸，引发了人们对社会留守儿童的同情和关注。

2.注重情节的跌宕和反转

小说的情节一般包括开端、发展、高潮和结局四个部分。在限定的字数以内，创作者无法对情节进行铺陈，感情也很难一步步逐渐蓄积，所以必须以更快的方式交代小说的情节，注重情节的跌宕和反转，运用巧思来设置激发读者情绪的节点。

小品和相声之所以能成为观众喜闻乐见的艺术形式，就是因为它们里面有让人捧腹的"包袱"。每当演员抖开"包袱"的一刹那，观众就会从出人意料的结局里获得惊奇与欢笑。如果把这种"抖包袱"的方法运用到微小说的创作中，就会给作品增色不少。

要想实现情节的跌宕和反转，创作者就要学会"抖包袱"，设置出人意料的结尾，也就是要求作品情节的发展预想能与结尾所要展示的答案形成对比和反差，以实现落差巨大的震撼效应。要想达到这个目标，创作者就要以精妙的构思提前设计好出人意料的结局，直到最后一刻把"包袱"抖响，这样才能为微小说的创作添上浓墨重彩的一笔，使作品新颖有趣、不落俗套，给读者留下深刻的印象。

例如：

他有空就用纸叠心形折纸，见到她就给她。这个习惯有多久了？他自己都不是记得很清楚。突然，有天，她电话里说："今天有个收废纸的来，我问了价钱，然后把你送我的心形折纸都卖掉了……"顿了顿，"刚好九块钱，等下你打扮打扮，我们一起去民政局领证吧！"

在这篇微小说中，作者首先写"他"有空就送"她"心形折纸来表达爱意，然后写"她"打来的电话，告诉"他"把心形折纸卖给了收废纸的人，这时按照常理读者会判断"她"一定是辜负了"他"的心意，然而话锋一转，原来"她"是要用这卖废纸的九块钱与"他"领取结婚证，读者的情绪随之波动，结局完美而又出人意料。

又如：

他与爸爸相依至大。他常问：为什么不给他找个后妈？爸爸总是笑说：此生只爱妈妈一个！后来他长大成家，爸爸说要结婚，他愤怒地打了那女人一耳光，骂爸爸是个骗子。从此，爸爸再未提及此事。多年后爸爸去世，他整理遗物时发现了一张自己婴儿时的照片，背面是沧桑的字迹：战友之子，当如吾儿！（作者：忧伤 de 雯）

这篇微小说述说了"他"与"爸爸"相依至大，"爸爸"为了考虑儿子的感受一生未再娶的故事。该微小说的前半部分不禁让人感叹父爱的伟大，然而结尾却抖出包袱——"他"与文中的"爸爸"并没有血缘关系，"爸爸"只因一份战友之间的深厚情谊而许下郑重的承诺，这样才一生未娶，最后的反转让读者为之一振，更凸显出这位"爸爸"高尚的情怀。

3. 遵循"冰山原则"，为创作留白

美国作家海明威说："我总是按照冰山原则来写作，那就是浮出水面的只有八分之一，还有八分之七藏在水下。你知道的东西可以略去不写，这样反而加固你的冰山。"他以"冰山"为喻，认为创作者只应描写"冰山"露出水面的部分，水下的部分应该通过语言的提示让读者去想象与补充。

"冰山原则"的主旨在于用简洁的文字塑造鲜明的形象，把作者的思想最大限度地隐藏起来，以留白的方式为读者留下想象的空间，让读者自由地去体会作品背后所蕴含的深刻思想和情感，为其营造出"此时无声胜有声"的境界。

例如：

"小雨，晚上一起吃饭吧？"

"小雨，晚上不吃饭了？"

"小雨，晚上在哪吃饭？"

"夏雨，晚上还在家吃吗？"

"夏雨，晚上我不回来吃了。"

"夏雨，走之前再吃个饭吧？"

"老夏，好久不见，有空吃个饭吗？"

"老夏，你慢慢吃，我陪着你。"

"老夏，我也来了，你会等着我吃晚饭吗？"（作者：老过）

这个微小说由几个问句构成整体内容，称呼从"小雨"到"夏雨"再到"老夏"，围绕吃饭的问题也呈现出细微的变化。文中虽然没有关于时间的交代，但读者能够从称呼的变化中体会到时间的流逝；虽然没有对人物关系的描写，读者却能从问句中猜出一二。小说中两位主人公之间究竟发生了怎样的故事，需要读者展开丰富的联想，用心去揣摩。

又如，微小说《毛驴》：

我第一次被装上车时，真的吓坏了，料想我很快会被宰掉。没想到，我被拉到一家驴肉馆门口，好吃好喝。没几天，我又被装上车时，我一度骂自己太傻了，怪自己大吃大喝，长了肉，以至于这么快就去屠宰场。没想到，我又被拉到一家驴肉馆门口，仍然好吃

好喝。后来几次上车我就不怕了。（作者：和一道）

该小说以毛驴的口吻述说了几次被装上车的经历。毛驴以为被装上车就意味着会被宰掉，但一连几次都安然无恙。在这个作品中，作者并没有明确地告诉读者毛驴没被宰掉的原因，但读者通过想象不难得出答案，这正是这部作品的精巧之处。

4.锤炼语言，增加语言的张力

微小说因其篇幅短小，没有更多的空间用于描摹人物外貌及行动，也无法细致刻画人物心理、叙述人物语言，所以在语言的运用上必须反复锤炼，仔细推敲，用朴素、简练的手法来突出人物的个性特征。在用词上，创作者要注重运用语言的张力，增加语言信息的密集度，增强文字的质感，以小博大，以实现"四两拨千斤"的艺术效果。

例如：地震时，房屋像儿子玩的积木般倒塌。他发疯地奔向小学，终于在操场找到十岁的儿子，紧紧搂在怀里。回家，四望尽废墟。老远就见一个老人半跪着，一边歇斯底里呼唤他的名字，一边扒拾砖瓦，双手血肉模糊。他冲过去一把将老人搂在怀里，低吼一声："娘！"风中白发，刺疼他的眼。（作者：邢剑良）

这篇微小说描写的是地震来临时"他"的反应以及母亲的反应。作品中"发疯地奔向""紧紧搂在怀里"都体现出"他"作为一个父亲，在灾难来临时对孩子的关切之情，而母亲"半跪着""歇斯底里呼唤""扒拾"等一系列的动作则体现出对"他"浓浓的母爱。在紧要关头，人们往往最先想到的是自己的子女，却忽略了自己的父母。作品以简单、朴素的文字为读者带来了极大的震撼，从而引发其深刻的思考。

5.2.2　微散文的创作要领

微散文是主要以微博为载体，以互联网为传播平台，受微博体例字数限制，立意于以微见大或以微见细等，有文学性意趣的散文创作。微散文是一种相对独立而完整的抒发感情、言志杂议的微文体。

微散文旨在记录心情故事，抒发真实情感，用诗情画意、富于韵味的文字为读者呈现深邃的意境。微散文篇幅短小，形神兼备，又可以在新媒体平台上即时发表、即时互动，因此成为广大文学爱好者喜闻乐见的文学样式。

微散文通常可以分为叙事型微散文、抒情型微散文和哲理型微散文，每一种类型的微散文都有其不同的特点。

叙事型微散文以叙事为主，通过叙述人物和事件的发展变化过程来反映事物的本质，一般包括时间、地点、人物和事件等因素。叙事型微散文又分为记事微散文和写人微散文。记事微散文偏重对事件的叙述，由于微散文的篇幅限制，内容多是几个片段的剪辑，在简单的叙事中倾注作者真挚的情感；写人微散文则以人物为中心，往往抓住人物的性格特征进行粗线条勾勒，偏重表现人物的基本气质、性格和精神面貌。

例如：

大概九岁那年，爸爸买回了刚出生不久的卡尔，卡尔是纯种德国黑贝。这家伙对我是自来熟，来到家的第一晚，半夜就钻到了我的被窝，我们的友情就此确立了。七年后我外出求学，回来后卡尔已经病得站不起来了，我跑过去看它，它看着我一直流泪。第二天，卡尔走了。我知道它是坚持着等我回来。（作者：张三零）

抒情型微散文也称写景微散文，指通过描绘景物来抒发作者对现实生活的真实情感的微散文。这类微散文通常没有完整的情节，其突出特点是具有强烈的抒情性，或直抒胸臆，或触景生情，将深刻的社会内涵和思想感情寄寓在浓烈的诗情画意中，具有强烈的艺术感染力。

例如：

雪越下越大了，西塘的小巷格外宁静。银杏树下，老人孤独地挥舞着双手，葫芦炉在火中继续旋着自己的音律。那音律伴着寒风，将橘红色吹入胡同。炉子边的手逐渐多了起来，只是每一双都是那样粗糙。"嘭"的一声后，白色的米花被分到粗糙的手中，米甜味的烟雾在老人的笑容中弥漫开来。（作者：胡冰）

哲理型微散文是指论述道理的微散文，即以散文的形式讲述哲理，启迪人生。哲理性微散文可以阐释经典的哲理，也可以让读者感悟爱情、友谊及生活的真谛，行文对仗，韵味十足，内容包罗万象，让读者读之有余音绕梁之感。

例如：

怀念是什么东西？藏在心里的情愫不期而至被瞬间击中。怀念一个人，怀念一段经历，甚至怀念一个没有去过的地方。怀念总是与过去相随，与美好相近，也与疼痛相关。有人说，怀念是一个最安静的动词，因为持续一生的伤感都藏在这种安静里。喜欢这种安静。怀念是一个人的事，深情而绵长。（作者：晓闽微之）

在各类大赛的宣传推广下，越来越多的人参与到微散文的创作中，掀起了微散文创作的热潮，微散文逐渐发展成为一种成熟的文学样式。新媒体时代，掌握一定的写作要领对微散文的创作来说至关重要。

1. 语言优美、洗练

语言的运用对于微散文的写作尤为重要。优美、洗练的语言能够带给读者美的感受，所以创作者在进行微散文写作时要注重语言的清新自然、飘逸隽永，恰到好处地运用语言表达技巧，也会为作品增色不少。例如，句式长短参差错落，多用比喻等修辞手法，讲究语言的节奏之美、旋律之美等，都会让作品显得更加立体。但也要注意，不能刻意地堆砌辞藻。

例如：

又一次来到西塘，一个雨夜，拧一把湿漉漉的记忆，在屋檐下把它晾干，几年前一场朋友聚会的情景竟是如此清晰：是这条小河、木桌、石凳，从沿河的店家叫几个小菜，当然要有炒螺丝、臭豆腐和西塘腌菜，于是喝酒，于是放歌——此刻在雨中的我，徘徊在记忆中的小巷小弄，拾捡着散落在古镇的一个个故事片段。（作者：盛子潮）

该作品以凝练的语言描写了雨中的西塘，"拧一把湿漉漉的记忆"运用了拟物的修辞手法，将"记忆"比作沾满雨水的衣衫，"拧"字意味尤妙，将读者带入作者的回忆中。"拾捡着散落在古镇的一个个故事片段"中，将"故事片段"比作古镇上散落的石子，颇具语言的美感。

2. 以"我"的情感为线索，以情动人

微散文通常采用第一人称来叙述，也就是以"我"的口吻来状物抒怀，书写真实的"我"是微散文的核心内容和生命所在。微散文的篇幅虽短小，但如果没有主题思想和情感脉络的植入，作品就没有灵魂，也就无法打动人心。而且微散文讲究"形散神聚"，"形散"是指作品取材自由而广泛，表现手法不拘一格；"神聚"是指作品所要表达的思想感情明确而集中。

因此，创作者在写作微散文时，素材的取舍必须紧紧围绕作品所要表达的思想感情，以"我"的真实情感为线索，营造作品的神韵，让读者在阅读的同时与作者产生心灵上的共鸣。

例如：

5年前，爸爸带着我和妈妈到嘉善打工。或许是太劳累了，我三年级时，爸爸去世了。我很难过，很想他。昨天，妈妈从衣柜翻出一件衬衫，是爸爸的。我抢过来穿在身上，感觉自己就像爸爸，变得高大勇敢。我告诉妈妈，我会替爸爸保护你。妈妈久久地抱紧我说："你爸爸一直在天空守护着我们呢"。（作者：阿里泽人）

在这篇微散文中，作者以"我"失去父亲的经历为背景，记叙了作者从儿时的难过到后来的勇敢与坚强，文中的"我"立志要保护妈妈。作者在记录"我"的心灵成长的同时，也用真挚的情感深深地打动了读者。

3. 以小见大，善于联想

微散文的材料多为零散的片段，从小的题材中彰显深刻的思想内涵，见微知著，是打造优秀微散文作品的关键所在。创作者必须以敏锐的触觉深入生活中的每个角落，善于思考、善于分析，将真情实感融入微小的题材中去，升华作品的立意。

在微散文的构思方面，创作者常因某人、某事、某景或者某物受到触动，浮想联翩，但篇幅的限制使其不能将这些感想完整地描绘，因此创作者要善于抓住最为关键的一点，联想生发，由此及彼，开拓作品的思路。

例如：

一个急匆匆的早上，一群年轻人上班要迟到了，大家奔进电梯，可是超载了。大伙儿你看我，我看你，谁都没有出去的意思。就在这个尴尬的时刻，角落里的一位奶奶挤出了电梯，电梯门关上了，人们脸上的表情有些不自然了。（作者：朱楚滢）

在这篇微散文中，作者刻画了年轻人上班坐电梯的日常景象，然而故事的矛盾点是电梯超载，这时每个人都由于私心作祟没有出去，角落里的一位奶奶却让了出去。这件事看似微不足道，作者却发现了它的深刻之处，通过鲜明的对比突出了人性中的不同侧面。

4. 营造意境

意境是指作品中描绘的生活图景与所表现的思想情感融为一体而形成的艺术境界。一篇优质的微散文可以将深刻的思想、奥妙的哲理和强烈的感怀寓于生动的生活图景当中，让读者通过阅读进入作者所营造的韵味无穷的诗意空间中，因此在写作时要注重寓情于景、虚实相生，用优美的意境来感染读者。

例如：

路旁的蚕豆苗上正缀着安静优雅的花，一如江南精致却不浮夸的春华。孩子一头钻进豆丛，小心地展开每一簇绿叶，寻找豆耳朵。雀跃声响起，"找到了，找到了！"他痴痴地看，又默默自语，"不能摘，摘了豆儿就听不见春天了！"微风将倒影吹散，孩子用恬静的笑容向那只春天里的小耳朵告别。（作者：陌羽）

这篇微散文在一开始就为读者营造出了恬淡雅致的意境，在这样美好的画面里，孩子寻找"豆耳朵"又不忍心将其摘下。作者将一幅人与自然和谐相处的画面呈现在读者眼前，充满诗意地表达了热爱自然、尊重自然的主题。

5.2.3　微诗的创作要领

微诗即微型诗，顾名思义，就是短小的诗作，其篇幅一般在 100 字以内，是以三行为限的短体诗歌，其特点是语句短少、修辞精到、内容深刻、意蕴悠长。

从起源上来说，中国微诗古已有之，如《古诗源》中的《易水歌》："风萧萧兮易水寒，壮士一去兮不复还"；又如汉高祖刘邦的《大风歌》："大风起兮云飞扬，威加海内兮归故乡，安得猛士兮守四方！"都是优秀的微诗作品。

现代微型诗是随着现代小诗产生发展起来的，随着时代的不断更迭，20 世纪 70 年代末期，微诗逐渐从现代小诗中独立出来，如当时家喻户晓的微诗——顾城的《一代人》："黑夜给了我黑色的眼睛，我却用它寻找光明"，以及北岛的《生活》："网"，这些作品都为微诗的推广和传播起到了积极的作用。

新媒体时代，移动互联网的普及让文学不再高不可攀，每个人都可以是文学创作者，人们创作的热情不断高涨；同时，紧张、快节奏的社会生活让人们对微诗这种篇幅短小、内涵丰富的文体有了更多的阅读需要。得益于新媒体技术的发展，现在微诗有了更为广阔的发展平台，无论是在内容上还是在形式上，微诗都更加系统化、成熟化。

从微型叙事诗、微型抒情诗、微型哲理诗到微型散文诗、微型寓言诗，再到微型儿童诗、微型讽刺诗、微型山水诗等，微诗的内容以其涵盖面广、题材多样化赢得了人们的广泛喜爱。在形式上，微诗篇幅短小，却意味深长，无论是创作还是欣赏，微诗都能给人以心灵的感悟。

优秀的微诗不是创作者的随意吟咏，创作者需要掌握以下写作要领。

1. 善于捕捉灵感

真正精美的诗句来源于灵感的闪现。在微诗的写作过程中，灵感可以给创作者带来意想不到的创意，然而它的产生却具有突然性、短暂性、亢奋性和突破性等特征。因此，创作者要注重积累，不断学习与实践，在灵感闪现的时候迅速捕捉并运用到微诗的创作中，这样才能创作出优秀的微诗作品。

2. 注重意境的延伸

创作微诗的最佳境界就是把意境之美诉诸笔端。对于微诗而言，意境就是创作者用情景与意象共同营造出来的诗意空间，是将客观图景与思想感情有机融合而形成的一种艺术境界。唯美的意境具有虚实相生、深邃幽远的审美特质，能使读者浮想联翩，产生身临其境之感。

例如：

夜行

文 / 唐淑婷

月华拍肩，归家的步履

如磐 惊起乡路上

虫鸣四溅

这首微诗用优美凝练的文字描摹了归家的场景，既写出了乡下归家之路的静谧，又以"步履""如磐""惊起"表现出作者归心似箭的急切心情。诗中并没有明确地告诉读者归家的心情多么急迫，而是将脚步声与月光和虫鸣融合成一幅美妙的画卷，让读者在美好的体验中感受作者所要传达的情感。

微诗的创作最忌"言毕而意绝"，所以在微诗的写作过程中，创作者要避免概念化的表述，而要注重意境的延伸，力求把思想情感不着痕迹地融进物象中，为读者营造出滴水成海的完美意象。

3. 立意奇巧

立意是一个作品所确立的文意，包括作品的思想内容，以及创作者的构思和写作意图等。微诗的篇幅短小，因此能够在极为有限的字数中用巧思将新认识、新感受及深刻的启示传达给读者。

创作者要善于从平凡的生活中捕捉典型而有意义的材料，以新奇独特的艺术视角、别出心裁的艺术构思，为读者呈现出诗中的亮点。

例如：

泉

文 / 陈志岁

世上最勤奋的人，

永不忘大地的恩。

这首微诗是一首咏物诗，作者没有从外在特点方面对泉水进行描摹，而是对泉水所蕴含的内在品质进行抒写，将"泉"比作"世上最勤奋的人"，是说泉水潺潺不绝地流出，滋养了大地。这样的角度别具一格，挖掘出在平凡的事物中所蕴藏的寓意。

4. 精妙的语言表达

为了与新媒体时代的阅读方式相适应，微诗的语言要明白晓畅，通俗易懂，以浅白的语言表现深邃的寓意。因此，创作者在遣词造句时，要充分考虑语言文字的张力，将富有表现力的文字重新排列组合，构成精彩的诗句；也可以在诗句中运用多种修辞手法，如比喻、夸张、拟人、对偶、排比、借代等，让微诗的语言更加清新灵动，寓意深刻。

例如：

夕阳西下

作者 / 周末有约

夕阳染病

像潦倒的诗人

醉落西湖

这首微诗运用拟人的手法，将夕阳比作"潦倒的诗人"，而"染病"和"醉落"生动地将夕阳西下、天水相接的瑰丽景象描绘出来，全诗通过对傍晚夕阳的描摹传达出一种诗意的颓唐之感。

5.2.4　微评论的创作要领

微博、微信以及其他移动客户端的流行让文学评论进入"微时代"，新媒体的发展为普通大众提供了更多的评论机会和更大的评论空间，在一定程度上带动了大众文学评论的热潮。

文学评论是运用文学理论对各种文学现象和文学作品进行研究、探讨和评价的文学体裁，其作用在于揭示文学的发展规律，指导文学的创作。文学评论一般包括诗歌评论、小说评论、散文评论、戏剧评论和影视评论等。

在新媒体时代，每个人都可以发表自己的文学评论，文学评论逐渐大众化。碎片化的阅读方式也决定了文学评论的内容更加精短、简约，因此微评论作为新的文学体裁逐渐发展起来。微评论的存在有利于打破传统专业精英文学评论的封闭性，从而激活普通民众的话语热情。没有长篇累牍的枯燥理论和大肆地铺陈延展，微评论因其篇幅短小而更易于在简短的文字中直达文学评论的精髓。

从作用上来讲，微评论是文学作品的一面镜子，它既可以帮助作者认清自身的劣势，提高文学创作水平，又可以让读者更好地理解文学作品，提高欣赏品位和审美水平。在新媒体传播机制下，微评论更是拉近了文学作品创作者与读者之间的联系。

文学评论在新媒介的变革下，其优势和弊端是并存的。在大众化、草根化的文学评论中，由于创作者的水平参差不齐，一些微评论作品的质量也难以保证。尽管微评论的数量很多，但精品不多，一些微评论观点浅薄，不够聚焦；还有些微评论由于过分迎合大众的需求和审美，造成观点不够客观。另外，还有些微评论的观点非常尖锐，失之偏颇。总之，新媒体微评论目前还存在一些问题，创作者需要通过学习不断提高自己的写作水平。

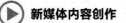

在创作微评论时，创作者需要掌握以下写作要领。

1. 注重阅读和体验

要想完成一个高质量的微评论作品，创作者要以一个接受者的姿态对所要评论的作品进行全面的阅读。对于微评论写作来说，阅读就是对评论对象进行调查研究的过程，如果没有深入、全面地阅读，就不能理解文学作品的内容和主题思想，也就无法产生真切、深刻的审美体验，创作者也就不具备对其评论的权利。

需要注意的是，这里所说的阅读并不是走马观花式的阅读，而是深入、透彻的精读，只有真正走进作者的内心世界，感知其所要表达的思想内涵和所要塑造的艺术形象，才能在微评论的写作中做到心中有数、了然于心。

2. 优化选题

对于微评论的创作来说，选题至关重要。选题就是在对文学作品进行深入阅读和体验后确定的所要评论的主题。

微评论的创作最忌泛泛而谈，如果没有一个明确的选题目标，评论就缺乏针对性；如果没有对选题经过认真地筛选，在落笔时往往就找不到重点，因此在选题时要选择有价值、"切口小"的题目。

作品的价值是创作者确定评论与否的重要依据。判定一个作品是否有价值，要看作品的思想性和艺术性是否达到一定的高度。对没有价值的作品来说，其微评论是没有意义的，读者也无法从中获得更好的审美体验。有一部分作品所表达的主题、塑造的形象等是存在争议的，或者作品在某一方面可以作为反面案例，这样的作品也可以作为微评论的选题，创作者可以从批评的角度对选题进行论证，既给作者提出了意见和建议，也引导读者以客观的眼光看待作品。"切口小"指创作者在选题时要抓住重点，确定一个具体的范围，选取其中有意义的小的方面，透彻地对其进行分析与评论。例如，微评论《少年英雄的"变形计"——从〈哪吒之魔童降世〉谈哪吒银幕形象的变化》，将"哪吒"的银幕形象作为切入点，对"哪吒"的形象刻画进行详细评说，这样微评论的内容就会具体而有深度。

另外，创作者在选题时还要注重创新，选择能够施展自己学识和专长的主题进行深耕创作，而且所选的主题要能体现自己的独到见解和真知灼见。

3. 找准评论的落脚点

找准评论的落脚点就是从哪些方面对作品进行评论。一般评论要基于以下几方面。

（1）概述作品的大致内容：简单概括作品的内容，包括时间、地点、人物，以及原因、经过、结果等。

（2）阐明作品的主题：作品的主题通常要阐明内容概要、所表达的情感，以及作者的写作意图等。

（3）评价作品的表达技巧：表达技巧是作者为了达到创作目的而使用的方法和手段，对表达技巧的评价，一方面可以让作者更清晰地认识与反思自己的作品，另一方面可以让读者加深对作品的理解。

（4）公平、正确地评价作品的表达效果：评价作品是否能够通过运用表达技巧实现与读者的有效的交流与沟通。

（5）明确作品的思想价值和艺术价值：客观地评价作品所具备的思想价值和艺术价值是微评论的核心，评价一个作品是否有价值，重点要考量这个作品是否能为读者带来美的体验和积极的影响。

4. 观点明确，论据充分，并运用科学的论证方法

在微评论的写作过程中，创作者必须持有鲜明、正确的观点，围绕这一观点，用充分的论据做支撑，让微评论更有说服力。微评论的论据来自于创作者对作品中人物形象、故事情节、表达技巧、遣词造句等方面的细致分析。

创作者还可以采用科学的论证方法，如归纳法、类比法、对比法、演绎法等，让微评论的论据有更多的呈现方式。

例如，下面这篇对电影《芳华》的微评论。

青春的废墟

即便有着如此强大的票房号召力，《芳华》依旧是我眼中一部辜负了观众期待的作品，因为故事里最想要表达的"青春"被偷换了概念。

原作者严歌苓说："青春不是年华，是你我的芳华。"导演冯小刚更是反复地强调对青春的致敬。恰在《芳华》热映的同时，一封来自三十年前的"情书"在北京被公开拍卖。当年八分钱一枚的邮票，居然拍出了四百八十万元的高价，与《芳华》的十亿票房一起，构成了现实里诡异的图景。

为什么人们如此强烈地渴望穿越回归旧时光，与故人和最美好的回忆重逢，而这个梦，又是如此昂贵？

舞鞋、军装、文工团的姑娘、被遗忘的战争，只是远去的时光中泛黄的图腾。它虽然复制了旧时代的情景，却丢失了人们最真实的心情。有学者说，这部电影是"历史的水货"——丢失了初心的回忆，成了青春的废墟。

有人形容芳华就是"最美好的时光"遇见了"最荒唐的年代"，可是面对并不遥远的过去，《芳华》给出的依旧是暧昧的情绪与模糊的思考，面对历史，《芳华》并不真诚，它选择与近在咫尺的真实生活擦身而过。（作者：陶陶）

在诸多针对电影《芳华》所写的微评论中，人们对电影的优劣褒贬不一，而这篇微评论则发出了一种批评的声音。该篇微评论以电影所表达的主题作为切入点，直言"故事里最想要表达的'青春'被偷换了概念"。

作者将《芳华》的热映与现实生活中一封三十年前的"情书"被拍出高价做类比，表达出这样的"青春"过于"昂贵"的观点。一方面，作者认为电影呈现出的是"暧昧的情绪与模糊的思考"，不够深刻；另一方面，作者用"与近在咫尺的真实生活擦身而过"指出了影片脱离现实，缺乏真实性的弊端。

这篇微评论虽然篇幅短小，但用词准确、洗练，通篇风格理性、睿智；在结构上条理清晰、层次分明；在论述逻辑上严丝合缝，富有说服力。

5.2.5 微电影剧本的创作要领

新媒体时代，数字技术的发展和移动终端设备的普及催生出许多"微"文化。在信息的获取方式上，人们对视觉的呈现提出更多的需求。而微电影作为一种新的电影形式，极大满足了大众碎片化、视觉化的需求。

微电影即微型电影，又称微影，指能通过新媒体平台传播的，适合在移动状态和短时休闲状态下观看的，具有完整故事情节的视频（"类"电影）短片。微电影集"微（超短）"时放映、"微（超短）"周期制作和"微（超小）"规模投资于一身，内容涉猎广泛，包含幽默搞笑、时尚潮流、公益教育、商业定制等主题，可以单独成篇，也可系列成剧。

2010 年年底，凯迪拉克与中影集团联合推出广告短片《一触即发》，首次将具有完整故事情节的动作电影浓缩在仅仅 90s 的"微"时段内，被称为"史上第一部微电影"。"微电影"的全新概念一经提出，瞬间在网络上引起巨大的反响。

2010 年 8 月，由中国电影集团联手优酷网共同出品的《11 度青春》系列电影在视频网站播出，引发网络热议，其中以《老男孩》影响最大，红极一时，点击率在 11 天内就突破千万。《老男孩》的爆红让微电影逐渐走入人们的视野，2011 年也被称为"微电影元年"。此后出现了更多优秀的微电影，如《眼睛渴了》《守护》《青春的墨痕》等。

2012 年 2 月 9 日，国内首个微电影基金正式成立，标志着微电影走上了产业化、链条化的道路。这一年，微电影的发展呈现井喷之势，越来越多的微电影被创作出来，微电影也逐渐成为大众喜闻乐见的艺术形式。

时至今日，微电影的发展愈加成熟，由于其制作周期短、门槛低、对设备要求不高，微电影的创作主体呈现出全民化的趋势。依托于新媒体时代信息传播的互动性，微电影得到了更为广泛的传播。媒介技术的进步也为微电影的发展提供了更广阔的发展平台。现阶段，微电影发布和传播的移动媒体渠道主要有爱奇艺、PPS、搜狐、乐视、优酷、土豆、腾讯、PPTV、电影网和 360 影视等。

与传统影视相比，微电影的优势在于实现了电影故事情节与广告的完美结合。相较于传统广告的生硬、直白，微电影的广告植入更加"软化"，更具隐蔽性，因此更容易被观众所接受。另外，由于微电影的受众更加细分化，创作者可以根据不同的受众定制不同的电影故事情节和广告植入方式，所以广告投放效果更佳。微电影因其本身所特有的商业属性，受到了广大投资者的青睐。

尽管微电影具有很强的产品营销和品牌推广能力，但在制作上更注重情节的打造和人物形象的塑造，注重与观众的思想感情的交流，力求为观众带来更加精彩的视听体验。从这个角度来说，微电影也是一种具有艺术价值与审美价值的电影形式。

目前，微电影领域百花齐放，越来越多的人参与到微电影的制作中，其内容也逐渐变得多元化，种类也越来越多。微电影大致分为青春爱情型、励志奋斗型、歌颂亲情型和幽默搞笑型，如表 5-1 所示。

表 5-1　微电影的分类

类型	代表作品
青春爱情型	《花殇》《这一刻，爱吧》《你好吗？我很好》
励志奋斗型	《老男孩》《梦想到底有多远》《成功之路》
歌颂亲情型	《父亲》《空巢老人》《零元招租》
幽默搞笑型	《七喜广告——"七件最爽的事"》《短篇励志情景喜剧——乐珊之恋》

对于微电影制作来说，从前期的筹备到中期的拍摄，再到后期的制作，都离不开剧本的指导。导演通过剧本编排拍摄镜头，并指导演员塑造角色，而演员通过剧本分析人物性格特点，分析剧情矛盾点，并在正式拍摄之前进行排练工作，后期剪辑要依据剧本对微电影进行剪辑制作，所以优秀的剧本是创作微电影作品的前提和基础。

微电影剧本泛指为描述整部影片的人物和动作内容所采取的各种写作形式，它有四个基本构成要素，即场景描写、人物、对话和动作描写。从类别上说，可以将微电影剧本分为文学剧本和摄影剧本，如表 5-2 所示。

表 5-2　微电影剧本分类

类别	具体含义
文学剧本	一种运用电影思维创造银幕形象的文学样式，是电影剧作者根据自己对生活的感受、认识和理解进行艺术构思，并按照电影的表现手法，通过文字描述来表述自己对未来影片设想的作品
摄影剧本	包含动作、对白，以及导演和摄影师的重要工作资料的剧本，是将文字转换成立体视听形象的中间媒介

掌握微电影剧本的写作要领对微电影的整体创作来说至关重要，下面将介绍几个比较重要的写作要领。

1. 题材的选择注重小而精

由于微电影的时长较短，所以题材的选择要注重小而精。一方面，剧作者应当留意社会生活的方方面面，在日常生活中提炼精华内容，从中选取一个小的题材，通过小题材折射出大的社会环境，并在其寓意上进行深入扩展；另一方面，选题的"精"体现在所选题材必须具备独特性，同样的题材因展开的角度不同也会有不同的表达效果，在信息高度同质化的今天，没有新颖的视角就无法吸引大众的目光。

2. 主题明确而集中

微电影剧本的主题就是作品所要表达的中心思想。主题是微电影剧本的核心，它贯穿于整体故事脉络之中，决定着作品的框架结构、情节设置及人物安排，微电影中所有要素的设置都是围绕主题所展开的。

在微电影中，复杂、模糊不清的主题往往让观众看完微电影之后还是"一头雾水"，不知道作品想要表达的是什么主题。因此，微电影剧本的主题必须明确而集中，这样才能适应微电影时长短、容量小、架构简单的特点。

3. 人物塑造删繁就简，重视人物动作、语言的刻画

微电影剧本同其他文学艺术作品一样，要把刻画人物、塑造典型形象作为剧本创作的中心任务。离开人物形象的塑造，即使故事情节编织得再曲折离奇，电影场景再优美别致，也不可能收到好的艺术效果。

传统影视作品中的人物刻画起着支撑情节、烘托主题的决定性作用，而在微电影中，因为受到作品时长和容量的限制，剧本中对人物综合的、多侧面的深入刻画应该删繁就简。一般来说，人物设置不宜过多，对人物的刻画应多采用正面描摹，着力刻画人物在矛盾冲突激烈时的形象。人物的刻画只围绕主题来开展，可以省去一些不必要的侧面描摹。

在微电影剧本中，人物的动作描写要与剧中人物的特点及剧情的需要相契合，为观众间接地提供人物身份、性格特征、心理活动等信息；人物的语言描写要紧跟时代的步伐，或幽默诙谐，或生动鲜活。只有注重人物的动作和语言表达，塑造出来的人物形象才能给观众留下深刻的印象。

4. 巧妙设计情节，让其更富戏剧性

在竞争激烈的微电影市场中，巧妙的情节设计是制胜的法宝。拖沓、稀松、平常的情节会很快耗尽观众的耐心，所以创作者在创作微电影剧本时，情节的设计必须要巧妙，且要具有很强的戏剧性。首先，情节的设计要跌宕起伏，不能过于平静，故事情节之间要环环相扣，紧紧围绕主题；其次，创作者要想让情节更加富有戏剧性，就要让矛盾冲突直接且快速地爆发，这样才能在一开始就吊足观众的胃口，引爆观众的情绪。

5. 悬念的设置

设置悬念也就是"故弄玄虚"。对于微电影的剧本创作来说，悬念的设置能够激发观众对剧情发展的急切期待，起到引起观众兴趣、吸引观众注意力的效果。悬念通常设置在故事情节高潮的铺垫处，也可以设置在故事的开端与结尾处，主要有以下几种方法，如表 5-3 所示。

表 5-3 悬念设置方法

方法	具体内容
疑问法	在情节发展过程中故意提出一些疑问，引起观众的深思
倒叙法	把故事的结局先写出来，给观众以强烈鲜明的印象
误会法	利用人物之间的猜疑或误解来激化矛盾，掀起波澜，不断推动情节的发展变化
省略法	故意省略一些内容，引起观众的种种猜疑和推想

5.2.6 微电影剧本赏析：不分手协议

1. 剧本内容

01 "不分手协议"餐厅

一家新式烤鱼餐厅在路口正式开业了，生意很红火，他们的经营模式很特别，引来许多路人的围观。

江晨是这家餐厅的老板，他是一个非常帅气的年轻人，在给客人讲述着餐厅的游戏规则。

江晨：很高兴大家能光临我的餐厅，今天我们正式开业了，为答谢顾客，我们会推出一个优惠活动方案，这个活动特别有趣。本店推出价值 199 元的情侣套餐，不过在用餐前必须先签署一份不分手协议，享受 99 元的活动优惠。答应两年内不许分手，否则你们就要双倍补偿我，这个游戏你们可以不参与，完全自愿！

这个新推出的超值活动，反响很强烈，很多客人都很愿意加入进来。江晨讲完规则后，把接下来的工作交接给下面的人，他自己下来了。

江晨向他的挚友刘晗走来。

刘晗：（笑着问他）你怎么知道人家两年内会不会分手？

江晨：签协议的时候会留下电话，我定期打电话过去回访。其实，我只想告诉他们，对恋爱要有所敬畏，有仪式感，你说过不分手，那就要说到做到，我不在乎那 100 元，吃过我餐厅的菜还没有分手的，才是我办这个餐厅的意义。

刘晗很郑重地问江晨。

刘晗：你还爱着她？

江晨低着头，不说话。翻开朋友圈截图，给刘晗看。

江晨：你看，萧敏朋友圈里的一张截图，她说她要恋爱了，我说我要开业了，同一时间，巧不巧，我们都跟过去划清了界限。还记得……

02 家里

萧敏穿着一条非常漂亮的裙子，在镜子前转来转去，一直高兴地问着江晨。

萧敏：江晨，你看我的这身裙子，好看吗？

江晨一副漠不关心的样子。

江晨：你已经有这么多衣服了，干吗买这些没用的东西！

萧敏：我就是喜欢。萧敏很不乐意地转过身，不理会江晨。

03 家里夜内

一天晚上，萧敏和江晨两个人吵架吵得很凶。

萧敏：你从来都没有在乎过我，我到底要什么？

江晨：你能不能不要这么无理取闹啊？

萧敏：这些年来，无论我做什么，你从来都没有在意过，我突然觉得自己好像一个小丑，自己在演着独角戏。既然这样，我们就分手吧！

江晨：你说的，分就分吧！

萧敏很伤心，泪如雨下。当晚，就在叠衣服，收拾行李。

04　餐厅内 日内

萧敏离开后，江晨忽然才想明白了很多事情。

江晨：萧敏是伤透了心，把所有的我认为没用又占地方的东西全部都拉走了，但忘记了一个小本子，我翻开来看，你知道她上面都记了些什么吗？

刘晗看着江晨，摇摇头，江晨笑笑。

江晨：从我们开始恋爱那天起，她就开始计划嫁给我了，她精打细算，"双十一"买了打折的婚纱，却没在我面前穿过一次。小本子里写得密密麻麻，像在写一个公式，她在努力地证明可以嫁给我，可是这道题无解。

刘晗：你们都太倔强了，明明都还在乎对方，为什么不给对方一个台阶下，我问你，你还爱她吗？

江晨：（笑笑）也许她早已如释重负了，只是我不甘心，还想把痴情的戏再演下去。

05　烤鱼店 夜内

萧敏点了份烤鱼，江晨不喜欢吃，就叫服务员。

江晨：服务员，这儿有花生米和糖拌西红柿吗？给我各来一份。

萧敏有些不高兴，江晨就逗她。

江晨：你看，是一生一柿，多好啊！

萧敏：（问）你会爱我一生一世吗？

江晨：你呢？

萧敏：（想了想）我只会爱你到你不爱我为止。

江晨：那得努力啊，我相信我能活到九十九！两个人一乐一笑，非常开心。

06　街道上 夜外

吃完饭后，萧敏对江晨说道：我们走回家吧！

一路上，萧敏低着头，不说话，似乎有什么心事儿。

江晨：你今天是不是有什么不开心的事儿？

萧敏摇摇头，走了一段距离，她突然开心地跳了起来，江晨一愣。

萧敏：你快抱抱我！（萧敏笑得像个孩子一样）饭后走百步，活到九十九，我不能再走了，活到一百岁，就得多爱你一年，你都不在了，我还爱着你，多累啊！

江晨：所以，我现在得背你回家？

萧敏：对啊！对啊！我得多省点儿力气，这样才可以爱你爱到九十九！

07　餐厅内 日内

这天，萧敏拿着"不分手协议"餐厅的宣传页找过来。

萧敏：请问，这里有"一生一柿"吗？

江晨转头看着她，愣住了。

萧敏指着宣传页，问：这个活动长期有效吗？

江晨点了点头，一句话像哽在喉咙里说不出来。

江晨：你一个人吗？

萧敏：（笑着说）两个人，我在等他。

江晨心里有一丝丝难过，仍旧勉强地忍着。

江晨：你来，免单，我请你们吃！

萧敏：你也是打开门做生意的，我哪能来蹭吃，要不我就去其他家吃了，我老公一会儿来买单。

江晨：你结婚了？

萧敏：快了，在准备。

江晨佯装洒脱地说：那，那恭喜你啊，今天这顿烤鱼，我请你们吧！

萧敏指着宣传页，问：是在这里签名吗？

江晨：（点头）是。（若有所思地）

萧敏签完了名字，笑着看江晨。

萧敏：还愣着干吗，签名啊！

江晨：什么意思？

萧敏：这不是你自己定的规则吗？情侣才可以吃，签了"不分手协议"两年内不能分手。

江晨的眼圈红红的。萧敏悄悄地在江晨耳旁说：你是不是傻，偷偷地买我微店的东西，好歹换一个我不知道的收货地址啊！我说了八百遍了，多吃鱼、多吃鱼，才能变聪明。吃完这顿鱼，我该减肥了，去年买的那套婚纱我快穿不上了！

江晨：（笑着）你这是要结婚的节奏吗？

萧敏：我掐指一算，你从我微店里买了那么多结婚用的小物件，应该是要结婚了，可是你缺一个新娘啊，所以我就来了！

江晨热泪盈眶，刘晗看着这圆满的结局，感动不已。

08　萧敏屋内 夜内

刘晗与萧敏坐在一起聊天。

刘晗：萧敏，你还爱江晨吗？

萧敏：搬家走的那一天，我在车上问了自己一个问题，我这辈子除了嫁给江晨，就没事可干了吗？我总觉得他应该这样，应该那样，把他变成我想象中的那个样子，可那不是江晨，不是我爱的江晨。

09　餐厅里 日内

刘晗看着萧敏与江晨能各自踏出一步，重拾幸福，她开心地落泪了。她起身，不想打搅了这份宁静的幸福。

其实，我们都在爱情里迷失了，你在爱情里最迷人的样子，就是你自己的样子，不是对方希望你成为的样子。

（编剧：刘敏秋，摘自"微电影剧本网"）

2.案例分析

这是一部情节简单、主题突出的微电影剧本，讲述了两个年轻人之间温馨的爱情故事。剧本通过主人公江晨在自己的烤鱼餐厅开业当天推出的"不分手协议"活动，以及与朋友刘晗的对话引出与女友萧敏相处的过往，两个人曾有甜蜜也有争吵，在分手后两个人才终于明白彼此的重要，最终解开心结，重归于好。

这篇微电影剧本的情节围绕"不分手协议"展开，利用人物之间的误解来激化矛盾，掀起波澜，不断推动情节的发展变化，即主人公江晨一直认为分手后刘晗开始了新的恋情，甚至即将结婚，直到刘晗在"不分手协议"宣传页上签字时，才知道他们对彼此依然有着很深的感情。该部微电影剧本通过这样的悬念设置给观众带来了些许好奇、些许惊喜，让观众在观后更能体会到爱情的美好。

第6章　新媒体广告内容创作

观看视频

　　新媒体相对于传统媒体的报纸、电视等而言，首先是一个时代的差别，互联网时代的广告方式也就因此有别于传统媒体。传统媒体的特点是一对多的广播式传播，靠人流量来确定广告效果。新媒体广告本身依托互联网承载，将具备更多的交互性和精准性等特点。网页、网站、微信、手机、智能广告机、电子 LED 广告屏等都是新媒体广告的载体，依托互联网大数据的分析与过滤。

6.1 新媒体广告内容的分类

新媒体广告内容的分类方式包括：按照广告目的分类、按照广告植入方式分类、按照受众分类、按照广告覆盖范围分类。

6.1.1 按照广告目的分类

从经济的角度来看，广告最终目的是不同的。按此标准，广告分为营利性广告和非营利性广告。营利性广告即商业广告，也叫作经济类广告，这类广告都是以营利为最终目的，其承载的都是与促进商品销售、提升企业形象相关的商业信息。

非营利性广告即非商业广告，也称作非经济类广告，是指经济广告以外的公益广告和文化广告。公益广告是宣传社会公德、慈善机构、环境保护等相关的纯公益性质的广告；文化类广告，如城市形象推广、奥运会的宣传等，这类广告一般以推广文化、精神为准则，但同时，在这个经济快速增长的社会里，已在某种程度上带上了一些商业色彩。

6.1.2 按照广告植入方式分类

按广告选取合适的媒介进行发布，媒介有较多的种类，而且随着科学技术的发展，媒介的种类还在不断地丰富，也意味着广告发布的载体、形式在不断地变化。选择不同的媒介，会使广告具有不同的特点，引发不同的效果。从这一角度来划分，一般有以下七类广告。

（1）印刷媒介广告。也称为平面媒体广告，即刊登于报纸、杂志、招贴、海报、宣传单、包装等媒介上的广告。

（2）电子媒介广告。是以电子媒介如广播、电视、电影等为传播载体的广告。

（3）户外媒介广告。是利用路牌、交通工具、霓虹灯等户外媒介所做的广告，还有利用热气球、飞艇，甚至云层等作为媒介的空中广告。

（4）直邮广告（DM）。通过邮寄途径将传单、商品目录、订购单、产品信息等形式的广告直接传递给特定的组织或个人。

（5）销售现场广告。又称为售点广告或POP广告，就是在商场或展销会等场所，通过实物展示、演示等方式进行广告信息的传播。有橱窗展示、商品陈列、模特表演、彩旗、条幅、展板等形式。

（6）数字互联媒介广告。是利用互联网作为传播载体的新兴广告形式之一，具有针对性、互动性强，传播范围广，反馈迅捷等特点，发展前景广阔。

（7）其他媒介广告。利用新闻发布会、体育活动、年历、各种文娱活动等形式而开展的广告。随着科学技术水平的不断提高与发展，媒介的开发和使用也是日新月异地变化着，新兴媒介不断进入人们的视野，成为广告形式日益丰富的催化剂。

6.1.3 按照受众分类

按照广告指向的受众来分类，可以分为消费者广告和行业广告。消费者广告指那些针对为自己购买产品并进行最终消费的受众，他们不会将产品转交或者再利用于生产过程。行业广告针对生产厂家、中间商或者专业人员，叫作产业广告。针对中间商（批发商和零售商）时，叫作贸易广告。

6.1.4 按照广告覆盖范围分类

一般来说，按照广告的地理覆盖范围，可将广告分为国际性广告、全国性广告和地区性广告。

提出国际性广告是因为现今经济的全球化趋势，如联想集团收购 IBM 的 PC 业务后，也需要面对世界性的宣传，其必然会针对性地扩大自己的广告覆盖范围，现在不只是在中国，而是在全世界去做广告、卖出产品了。全国性广告则是面对国内大众这一受众群体。地区性广告是指针对一个较小的市场而做出的广告发布。

6.2 新媒体销售内容创作

6.2.1 新媒体销售内容的特点

在新媒体营销领域，大体上根据信息传播的各个环节，对营销进行分类和定义。这里所论述的内容营销，则是整个信息传播链条上的中心环节，甚至可以说内容即信息，没有内容也就没有了传播载体，营销也就无从谈起。常见的内容营销形式有微信营销、微博营销、论坛营销、新闻营销、事件营销等。内容营销所包含的基本元素主要有文字、图片、音频、视频，由此衍生出来的形式有图文结合、动图、H5 场景等。本节选取公众号营销作为案例，具体而有针对性地谈一谈营销所具有的内容型新媒体营销特点。

（1）差异化定位，目标受众导向。打开公众号，我们会看到这个世界的千面万面。根据用户的信息阅读偏好确定一个公众号的定位和风格是营销的第一步。尽管用户作为信息接收的一方，具有相对被动性，用户永远需要触碰信息所传播的认知和价值观。尽管用户可以选择拒绝接受和赞同，但是技术上用户已经可以自主地进行信息规划和筛选了，用户只选择自己喜欢的、对自己有帮助的信息。据此，公众号呈现出千姿百态的局面，定位和风格也各不相同，例如，情感励志类、搞笑趣闻类，还有为运动人群打造的微信号、影音娱乐类、旅游类、医疗健康类、数码科技类、餐饮美食类、女性美妆时尚类、时政资讯类等。每一类，都可以看作是一个固定类别和风格的栏目，具有相对稳定性和受众区分度。定位取决于面对的人群画像，根据用户的物理特征和用户行为特征来对目标人群进行画像分析，找到精准的群体特征，对其深入洞察和分析，总结和提炼出能够为营销助力的关键指标和指导方法。

（2）选题规律：追热点，抓痛点，傍名流。承接前文的定位和风格制定，内容营销在选题上也是极为谨慎的。"选题选得好，轻松十万+"这句调侃的口号已经成为营销界的共识。选题是一篇内容文章的风向标，标题是对选题方向的具体化落地，标题的意义在于第一时间抓住读者的注意力，让读者单击进入文章内页。在流量为王的新媒体领域，点击量对营销而言是极其重要的衡量指标，对于其营销转化和广告收入有直接且绝对的影响。因此很多都着眼于文章标题来做文章，也就总结出了一系列关于如何选题和写标题的方法和规律，这些规律经过市场实践检验，都具有普遍性的积极效果。

①追热点：对于经常曝光的新闻热点事件、明星名人逸事等，如果内容能够在热点全面铺开的 72 小时内抓住，进行内容创作和发布，往往会获得比平时更好地传播和阅读效果。其背后的原理是，人们的注意力总会被最新发生的、具有轰动性的、容易引起话题的事件所吸引，因此往往看到具有热点关键词的内容会更有兴趣接受。

②抓痛点：对于某一类特定人群，往往具有某些共性，内容创作者如果能够深入洞察到这个共性需求，而且是用户非常强烈的需求，往往能够更容易引发用户的集体共鸣，获得不错的注意力资源，其背后的原理是，每个人都渴望获得理解和认同，而共鸣的制造就是一个获取理解的过程。

③傍名流：这条定律更适合标题的拟定，也就是选定了内容方向后，为了能够获取到用户注意力，而采取的一种讨巧策略。在标题中引入名人、名校、名企等这些天然自带流量的大腕往往可以增加内容被注意到的概率。

（3）说服手段：静与动、情与理、案与据、明星与平民。在内容营销中，当读者被标题吸引，单击到文章内页之后，说服手段就显得极为重要，它关系到内容传播后续的环节能否顺利发生，也就是内容能否获得用户自发传播，以及点赞和评论等用户互动行为能否发生。

一般地，在一篇内容文章中，会涉及一些说服手段，例如，用静态的文字或图片，穿插动态的动图或者视频，或者具有交互性的内容，来让用户获得更好的体验；通过感性与理性说服的交叉使用，让读者获得情感与理智双重的认知确认，增加内容说服的概率；当一段论述过于生硬和干涩的时候，通过引入具体的个案分析或者研究数据、调研报告等具有权威和公信性的结论，更容易说服用户相信论述；此外，当在内容中推销一个产品、一项服务或者一种观念的时候，引入明星代言效果可能会更好。同时，如果借用消费者证词的手段，往往也会效果出奇得好，因为作为平民的消费者与用户更能拉近距离，可信度更高。

6.2.2 新媒体销售内容的内容框架

新媒体运营就是新的媒体，常见的微博、微信、抖音、公众号、今日头条等都属于新媒体渠道。而新媒体运营就是通过这些渠道或手段，帮助企业获取更多潜在客户，从而带来更多的购买。直白点就是卖产品。

那怎样才能让目标用户就乖乖来买你的产品呢？用户从感知到自身的痛点问题到最终买你的产品解决问题，并不是一瞬间就能完成的，这是一个需要时间的过程，也被称为用户购买旅程。

开始营销之前就要有自己的营销计划，这时候就需要营销框架来帮助组织营销计划中的内容。

不同的营销框架没有对错之分，只是方法和站的角度不一样而已。营销框架分为多种类，如图6-1所示。

4P框架	PMF模型	营销漏斗	AARRR漏斗
产品（Product） 价格（Price） 渠道（Place） 人群（People）	产品（Product） 市场（Market） 契合点（Fit）	感知（Awareness） 评估（Evaluation） 购买（Purchase）	拉新（Acquisition） 促活（Activation） 留存（Retention） 收益（Revenue） 推荐（Refer）

图 6-1　营销框架

（1）4P 框架：是传统的市场营销框架。

（2）PMF 模型：是精益创业当中用到的框架。

（3）营销漏斗：主要用于数字营销。

（4）AARRR 漏斗：主要用于增长黑客（硅谷）。

无论什么样的框架，都具备了一些类似的核心元素，例如，了解目标用户是谁，熟悉产品和服务等内容。

这里主要介绍"6W"的营销框架，它使用的地方非常广。"6W"是一切营销规划必不可少的要素，具有"6W"全局思维，会在工作时更有方向感。

面试中遇到的大部分的规划问题，都可以说："这个问题我想从六方面来说明。首先是 What，其次是……"这样回答的时候会让人觉得你的逻辑更清晰。

写作也是如此，当你想介绍一个活动的时候，或者写一篇新闻稿的时候，同样可以用"6W"的框架展开。要像一个营销者一样思考。

"6W"营销框架包含 6 个要素：What、Who、When、Where、Why 和 How。除此之外，还包括对整个营销过程的检测评估与优化。

What：何物，产品和服务，商业模式 / 营利模式。

Who：何人，目标用户。

When：何时，客户旅程（营销时机，用户购买行为路径）。

Where：何处，营销渠道（通过什么渠道营销客户）。

Why：为何，营销目标（最重要部分）。

How：如何，营销方法。

Measure & Optimize：检测和优化。

下面开始认识这 6 个 W。

1. What（何物）：产品和服务，商业模式 / 营利模式

首先要挖掘你要推销的产品或者企业是什么，了解你所服务的企业是一种什么模式，了解其商业模式和营利模式都是什么，企业下面的产品或者服务是什么，你的价值主张包括什么等内容。

如何才能了解这些内容呢？下面将通过商业模式画布和企业生命周期两方面来解释。传统的商业模式按照交易的类型分为 B2B、B2C、C2C 三大类型。

（1）B2C：商业机构对个人的电子商务（如淘宝、京东）。

（2）B2B：商业机构对商业机构的电子商务（如阿里巴巴）。

（3）C2C：个人对个人的电子商务（如闲鱼、微商）。

但是这种分类相对简单，因为无法从模型或者分类中看到企业提供什么样的服务和产品、竞争优势和成本结构。所以在 2008 年，著名商业顾问亚历山大·奥斯特瓦德提出了商业模式画布，更清晰地描绘出整个商业模式。

商业模式一共包括 9 个维度，每一个维度都有着成千上万的可能性，一个企业的商业模型就是这 9 个模型的一个组合。

1）客户细分：企业所服务的客户群体的分类（你到底要赚谁的钱）

例如，手机市场的客户细分如下。

苹果：追求科技时尚感的用户。

小米：追求性价比的用户。

华为：追求设计和制造品质的用户。

2）价值主张：企业为客户创造价值的产品和服务能够为客户带来什么好处，解决客户的什么问题（你能够为客户带来什么价值）

价值主张 6 要素如下。

（1）目标客户：市场细分以后确定的目标客户群。

（2）痛点问题：你的目标客户想要得到你提供产品或服务时所处于的状态、遇到的问题。

（3）产品和服务：你提供的产品或服务是什么。

（4）用户利益：你所能提供给客户的好处和利益是什么。

（5）竞争对手：主要的竞争对手。

（6）竞争优势：区别于你的竞争对手主要的不同之处。

3）渠道通路：服务流程中的客户接触点（如何将好处传递给客户）（通过什么渠道和客户产生联系）

企业通过什么样的渠道和客户产生联系（例如，知乎、微信、抖音）。例如，滴滴的渠道通路有：网站，支付宝小程序，微信小程序，移动端应用（Android 系统和 iOS 系统）……

4）客户关系：建立什么样的关系及如何维护

当客户真正到来了，希望能与客户有一个长久的关系，这时候就该采取措施去留住你的客户，内容包括：

（1）开发新的客户。

（2）留住原有客户。

（3）增加销售量，提高消费率。

客户关系类型有以下几种。

● 私人助理：客服导购。

● 专门的私人助理：私人医生、房产销售。

● 自助式服务：ATM，自助售票机。

● 自动化服务：微信广告投放。

● 社区：在线社区，贴吧 / 豆瓣。

● 共同创造：知乎、大众点评。

　……

5）收入来源：如何向客户提供价值来获得收入（收益方式）

● 资产收费：如卖东西。

● 使用收费：特定服务收费，如电信运营。

● 订阅收费：通过重复使用来收费，如视频会员。

● 租赁收费：出租，如共享单车。

● 授权消费：为知识和形象等授权，如专利。

● 经纪收费：整合多方的服务，如房地产中介。

● 广告收费：各种广告推广，如视频广告和搜索引擎推广费。

　……

6）关键资源：为了让商业模式有效运作所需要的核心资源（资金、技术、人才）

● 物理资源：如厂房。

● 知识性资源：如品牌，形象。

● 人力资源：如研发人才，社交用户。

● 财务资源：如投资机构资金注入。

　……

7）关键活动：需要执行的业务活动（商业模式做什么事情来赚钱）

● 生产制造：如阿迪达斯生产衣服、鞋子。

● 解决问题：为个别用户提供方案，如品牌、服务设计。

● 平台：以平台为核心，与网络相关，例如，微博维护服务器。

8）关键伙伴：供应商或合作伙伴

合作伙伴的类型有以下几种。

（1）非竞争者之间的战略同盟：例如，京东和支付宝的合作。

（2）竞争者之间的战略同盟：例如，手机品牌互相授权专利。

（3）为新业务建立合资公司：例如，钉钉投资 Teambition 的合作。

合作伙伴具有以下价值。

（1）商业模式优化及规模效应：如可口可乐的价格。

（2）降低风险和不确定性：如大部分网点使用微信、支付宝。

（3）特殊资源及业务活动的获得：如腾讯和京东的战略合作。

9）成本结构：商业模式需要的成本

（1）固定成本：成本总额不随着业务量而变的成本。例如，主要管理人员工资、前期的设备投入、租金等。

（2）可变成本：随数量的变化而变化。例如，多制造一台计算机，就需要额外采购一个屏幕。

很多情况下，新媒体运营人跟创业者非常像，很多时候站的角度是距离老板最近的一个地方。因此对营销者来说，还需要了解企业在整个企业生命周期中所处的位置。因为处于不同生命周期的企业，所营销的重点和营销的行为也是不一样的。企业的生命周期包括4个阶段：初创期、增长期、成熟期和衰退期。

（1）初创期：侧重验证市场需求（有人要买你的产品）。

（2）增长期：侧重用户增长。

（3）成熟期：侧重利润、投资回报率、终身价值。

（4）衰退期：侧重保持现有的业务、寻找新的增长点。

2. Who（何人）：目标用户

无论你服务的企业有什么样的产品或服务，都会有你的客户，也就是你的目标用户和受众。你可能会说我的消费群是所有人，当你说出这句话的时候，你的目标用户 = 没有目标客户，在这竞争非常激烈的社会中，面向所有人的产品定位是不存在的。

所以想要找准你的目标客户，就需要市场细分，市场划分越细，目标客户就越明确。那具体怎么划分呢？"现代营销学之父"菲利普·科特勒提出了如下4个非常重要的细分变量。

（1）根据地理信息做细分：如国家、地区、省份、城市、社区、人口密度（城市、郊区、农村）、气候等。例如，华北市场和华南市场。

（2）根据人口信息做细分：如年龄和生命周期阶段、性别、收入、职业、教育、宗教、种族、时代等。例如，1990 年后出生的人和 2000 年后出生的人。

（3）根据心理特征做细分：如社会阶层、生活方式、个性等。例如，热爱美妆的年轻女性。

（4）根据行为特征做细分：如情景、利益、使用者状态、忠诚度等。例如，化妆品高频消费者和低频消费者。

举个例子，护肤品类市场的划分如下。

● 按照性别细分，有男性专用护肤品市场和女性专用护肤品市场。

- 按照年龄细分，有青年、中年、老年护肤品市场。
- 按照情景细分，有补水、美白、保湿护肤品市场。
……

商场细分只是帮你了解你的目标客户，如果还想要有更有效的营销，就需要从更细致的个人的维度去了解你的目标客户。

想要了解目标用户最有效便捷的方法就是通过 1 对 1 的调研，并创建一个详细的用户画像。其中，用户画像框架主要包括：背景信息，如人口特征（年龄、性别、婚姻）和地理统计学特征（国家、省份、城市）；心理统计学特征，包括用户的需要、用户的爱好、用户的目标、用户遇到的困难等。

按照以下几方面就可以准确找到用户画像。

- 姓名。
- 头像。
- 背景信息（人口、地理）。
- 需要。
- 爱好。
- 目标。
- 困难。

3. When（何时）：客户旅程（营销时机，用户购买行为路径）

当你知道你的目标用户后，问题来了，他们知道你是谁吗？你应该在什么样的时机去营销呢？这些都取决于用户购买路径，这就是 When（时机）的部分。

在这个过程中，用户会使用很多的关键词，去不同的渠道搜索，在不同的旅程阶段，也对应着不同的时机。当我们了解用户购买旅程中的关键词和渠道，才能知道未来在什么时候推广什么样的内容。

用户购买旅程（Customer Journey）可以细分为以下 5 个阶段。

（1）问题感知。让用户感知到问题或需求的存在，激发用户对产品的欲望或渴望。此阶段需要发布一些行业报告白皮书型的干货内容或者广告。

（2）信息搜索。用户此时已经知道自己想要什么，开始去各个平台去搜索信息来解决问题。这个阶段的重点在于提供一些具体的垂直教程型内容。

（3）产品评估。用户在搜索了很多信息之后，决定通过购买产品来解决问题。此时，用户可能已经排查了很多产品，将要在最后的几个选项中做出决定，你就要亮出你自己的产品特色在哪里，清晰地展示出产品的优点以及使用完产品会达到什么样的效果。

（4）产品购买。用户评估产品后，马上就要准备购买了，这时候就要提出一些组合或者优惠，策划一些活动，让他赶紧掏钱买单。

（5）购买后评价。用户已经完成了购买，在最后阶段重点就是属于售后了，要帮助用户更好地使用产品，提高客户的满意度。

4. Where（何处）：营销渠道（通过什么渠道营销客户）

当你已经了解了企业的营销时机，接下来就要知道你应该在什么样的地方去接触你的客户。这就是 Where（营销渠道）。

现在的互联网营销渠道多之又多，这就需要运营人根据不同渠道的特点，做出针对性的选择。

营销渠道的类别包括以下 4 类。

（1）广播（品牌广告）：例如，打开一些 App 时就会出现广告或者浏览器中出现的弹窗广告。

（2）1 对 1（直接广告）：例如，短信或者邮件中收到的 Offer。

（3）搜索（搜索广告）：例如，客户通过知乎搜索一些关键词。

（4）社交（社交广告）：指的是社交媒体里的渠道，例如，出现在朋友圈里的广告、微信公众号文章结尾处的广告。

在不同的阶段，营销者需要采取不同的渠道接触客户。

（1）问题感知。最好的渠道是广播，能提供更多让用户接触到产品的机会。

（2）信息搜索。最好的渠道是社交，能发布具体的垂直教程内容，例如，知乎。

（3）产品评估。最好的渠道是社交 + 搜索。社交渠道能发布与卖点相关的优质文章，搜索渠道架起让用户看到这些文章的桥梁。

（4）购买后评价。最好的渠道是 1 对 1，能提供对应订单或产品相关的注意内容。

具体渠道包括：网站、社交媒体、电子邮件、搜索引擎、电话。

5. Why（为何）：营销目标（最重要部分）

那如何制定一个合理的目标呢？管理学大师彼得·德鲁克提出的"SMART 原则"如下。

（1）具体性（Specific）。目标必须具体，不能笼统。

（2）可衡量性（Measurable）。目标必须可量化。要有明确的目标数字去衡量。例如，考试成绩达到多少是及格就是一个可以量化的目标。

（3）可实现性（Attainable）。目标可以让执行人实现或者达到。

（4）相关性（Relevant）。目标和岗位职责相联系。

（5）时限性（Time-bound）。目标必须要有一个明确的截止时间。

6. How（如何）：营销方法

具体到新媒体上来说，营销方法就是通过什么样的内容去推广，也就是内容方面的一些计划。主要包括：文章策划、视频策划、活动策划、广告策划……

7. Measure & Optimize：检测和优化

用检测的数据对整个营销过程进行优化。

注意：

（1）营销策略是 When，How，Where 的组合。

（2）新媒体一切营销行为都是可以被检测的。

（3）营销的基础是基于你对于公司商业模式和商业模式中的各个组成要素的理解。

（4）不同的商业模式和生命周期也会影响营销工作的方向和工作内容。

（5）公司产品的价值主张 / 定位对于营销者来说，是了解公司业务的一个很好的起始点。

6.2.3　新媒体销售内容的创作要领

1. 确定目标

确定文案输出的目的、针对的目标用户群体，根据目标用户群体的需求去制作文案，通过高质量的内容来实现用户的阅读、转发、点赞。

2. 用户需求

想要引起用户的关注，就需要去做好用户分析，思考用户喜欢的或者需要的内容类型，怎样去塑造内容才能够满足用户的需求。

3. 搜索素材

搜索素材也是制作文案的基础之一，根据产品或者品牌的情况、自身的积累，以及用户需求分析，选择合适的素材来进行文案的塑造。例如，借助自身的经历来进行叙述，更容易吸引用户，引起用户的共鸣。

4. 注意引导

新媒体运营在输出文案的时候，一定要站在用户的角度去进行内容的输出，顺着用户的思想去输出内容，不能站在自己的观点去认为内容是好的就去写，要明白我们的内容是针对用户，对用户产生引导，提升用户的认同感，从而实现用户转化和变现。

5. 塑造标题

对于文案的标题一定要注意提炼，标题决定文章的开头和内容的走向，保证标题和内容的一致性。

标题主要有两种写法：一是先写标题再写内容；二是先写内容，把内容的主体构思出来，再进行文章的核心提炼，形成一个标题。新媒体文案常用的方式是讲故事或者讲道理两种。

6. 修改优化

好的文案需要进行反复测试和修改，通过数据分析得出最佳的文案，调整的时间越长，那么对于用户的体验就会越好。

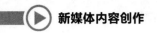

6.3 新媒体传播内容创作

6.3.1 新媒体传播内容的主要类型

在做新媒体运营的时候往往要推送不同的内容，需要达到不同的目的，这就需要相应地选择不同形式的内容来呈现。而不同形式的内容有哪些优缺点？适合什么样的内容？有哪些不错的案例可以借鉴呢？

一般来说，新媒体推送的内容主要包括以下五类：文字、图片、GIF 图、短视频、H5。

1. 文字

优点：文字的生产比较简单，生产速度也比较快，基本上，一篇原创的稿件，生手一天可以生产出来，知名自媒体人写一篇 2000 字的文章往往只需要 1 ～ 2h。

缺点：虽然生产容易，但是想要写好，门槛却非常高。一般来说，一篇好的文案不仅需要清晰的表达和逻辑，知识背景、引经据典、数据佐证等都需要多年的积累，文字风格或严肃，或幽默，或文艺都需要很长时间的打磨，不同的内容需要用不同的文风来表达。因此，企业新媒体的编辑往往需要有文学、新闻传播相关的背景，最好是在媒体待过，经过长期的文字方面的训练，才能做好这份工作。

2. 图片

优点：

（1）表达的内容更清晰准确。经常我们说半天描述不清楚的，往往有图就有真相。例如，当你要在图文里说几件事的区别时，用文字表述就不如做一张对比图来得直观清晰。

（2）图片和文字搭配更适合。一来配图能够让文章更具观赏性，变成文字的有效补充，和文章内容匹配度高的图片还可以让文章质量跃升，让文章变得更有生机活力；二来图片还可以调节文字阅读时带来的枯燥和疲惫，让阅读的时候眼睛可以适当休息，顺便加深对文章的理解和记忆。

缺点：静态图片主要是呈现形式是固定的，很难产生互动效果，虽然比文字能包含的信息要多一些，如果想要完整讲述一件事，往往需要多张图片，从多个维度来展示，毕竟单张图片能容纳的信息是有限的。

3. GIF 图

优点：可以记录较为完整的信息，比静态图片的信息量要大很多，另外就是其动态的效果，可以快速抓取眼球，吸引读者的注意，因此往往使用 GIF 作为文章的亮点。例如，不少专门做休闲娱乐类的账号，一张搞笑的 GIF 就可以获得几十上百万的阅读量，GIF 以其信息量和动态、趣味等特点，也是可以独立成文的。

缺点：体积比较大，想要让 GIF 内容丰富、清晰度高，一张图往往就有好几兆字节，甚至有些超过 10MB，但微信限制一张图片的大小不可以超过 5MB，因此好多站外的 GIF

是没法直接导入微信的。就算是只有 3 ～ 4MB 的图片，如果读者所在的网络不够好，很可能用来画龙点睛的图片半天显示不出来，文章的效果也会大打折扣。

4. 短视频

优点：短视频的信息要丰富得多，3min 的短视频可以展示出 1500 字甚至更多的内容，并且用户很容易产生代入感，且不会被其他信息所打扰，加上每个视频都有自己的独特风格，很容易形成品牌或者 IP。

缺点：3min 左右的视频大小有十几兆字节，并且需要放到视频网站上才能播放，对条件的要求比较苛刻，最主要的是拍视频对于剧本、拍摄、演技、后期、特效的要求都非常高，而且是个烧钱的事，一般没有成熟专业的团队，没办法做到长期、稳定、高质量的内容生产。

5. H5

优点：

（1）可以刺激读者丰富的感官。在 H5 里不仅可以放文字、图片，还可以插入动态效果、视频、音乐等，最主要的是能够记录相关的数据，比起微信图文来说可以看到更全面翔实的数据。

（2）H5 的交互性强。可以用滑一滑、擦一擦、点一点、摇一摇等动作来触发相关的动作，用户会有很强的操控感，也更容易在交互中集中注意力，给用户留下较深的印象。但切忌用太复杂的交互，或者太过频繁地重复交互，关于这一点，可以查看互动营销的拓展案例包，里面有详细的说明和案例。

H5 是非常容易引发传播的，除了它非常适合在朋友圈、微信群传播以外，还因为可以在里面设置很多的引发传播的机制。例如，让你生成一个专属的头像、海报，你觉得好玩就想晒一下；可以测试你的性格、星座之类的，你觉得准就会转发；还可以玩互动游戏生成分数或者排行，你想嘚瑟就会转发。总之，有太多的机制可以刺激用户来转发，所以 H5 的传播性是非常棒的。

缺点：

（1）制作 H5 的周期比较长，一般需要一周甚至更长的时间完成，因为出策划、做设计、想交互、开发等每一环都需要精心准备。

（2）虽然现在有像易企秀、MAKA、iH5 之类的 H5 平台可以快速制作，但是它们大多都是模板化的制作，特点上不够突出，也很难与自己的品牌完美结合，而且现在大家都见多识广，普通的 H5 根本吸引不了他们注意和转发，因此现在想要打造爆款，每个细节都要非常出彩才行。

（3）既然要求比较高，对应的成本也就比较高了，普通的 H5 成本要几万元，顶级的甚至要几十万元，同时需要配合非常大的资源进行推广，对应的服务器成本也是不低的，准备使用 H5 之前还是要做好充足的预算。

基于以上的分析，从传播力的角度来说，H5 和短视频的效果最好，当然相应的成本

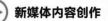

也更高。GIF 和图片其次，文字的传播力相对较弱，但因为其生产速度比较快，所以从概率上来说也不低。

6.3.2 新媒体传播内容的营销载体

1. 按传播途径进行分类

1）基于互联网的新媒体

基于互联网的新媒体包括博客、电子杂志、网络视频、群组和网络社区等。

2）基于数字广播网络的新媒体

基于数字广播网络的新媒体包括数字电视和移动电视等。

3）基于无线网络的新媒体

基于无线网络的新媒体包括手机电视、手机报、手机视频、手机短信 / 彩信等。

4）基于融合网络的新媒体

基于融合网络的新媒体包括基于 IP 协议的电视广播服务（IPTV）、楼宇电视等。

2. 按传播媒介进行分类

1）网络新媒体

网络新媒体包括门户网站、搜索引擎、虚拟社区、电子邮件 / 即时通信 / 对话链、博客 / 播客 / 微博、微客、网络文学、网络动画、网络游戏、网络杂志、网络广播、网络电视、掘客、印客、换客、威客 / 沃克等。

2）新型电视媒体

新型电视媒体包括数字电视、IPTV、移动电视、楼宇电视等。

3）手机新媒体

手机新媒体包括手机短信 / 彩信、手机报纸 / 出版、手机电视 / 广播、手机游戏、手机 App 及各种手机移动网络客户端等。

4）其他新媒体

其他新媒体包括隧道媒体、路边新媒体、信息查询媒体及其他跨越时代的新媒体等。

3. 按传播形态进行分类

1）微博

微博（Weibo）是指一种基于用户关系信息分享、传播以及获取的通过关注机制分享简短实时信息的广播式的社交媒体、网络平台，用户可以通过 PC、手机等多种移动终端接入，以文字、图片、视频等多媒体形式，实现信息的即时分享、传播互动。

2）QQ

QQ（Tencent QQ）是腾讯公司借鉴于 ICQ 开发的一款基于 Internet 的即时通信软件，于 1999 年 2 月推出。QQ 支持在线聊天、视频通话、共享文件、网络硬盘、自定义面板、QQ 邮箱等多种功能，并可与多种通信终端相连。

3）微信

微信是腾讯公司于 2011 年 1 月 21 日推出的一款面向智能终端的即时通信软件，由张小龙带领腾讯广州研发中心产品团队打造。微信为用户提供聊天、朋友圈、微信支付、公众平台、微信小程序等功能，同时提供生活缴费、直播等服务。

4）网络直播

网络直播就是借助互联网的优势，利用相关直播软件将即时的现场环境发布到互联网上，再借由互联网技术快速、清晰地呈现在用户面前。目前，网络视频直播已经发展得较为成熟，尤其是可以与用户进行直接信息交流的网络互动直播，其互动性更强，且能够随时随地进行直播，是目前新媒体中发展迅猛的传播形式。

5）短视频

短视频是一种互联网内容传播方式，一般是指在互联网新媒体上传播的时长在 1min 以内的视频。随着移动终端普及和网络的提速，短平快的大流量传播内容逐渐获得各大平台、粉丝和资本的青睐。

6.3.3　新媒体传播内容的创作要领

新媒体营销是基于特定产品的概念诉求与问题分析，对消费者进行针对性心理引导的一种营销模式，从本质上来说，它是企业软性渗透的商业策略在新媒体形式上的实现，通常借助媒体表达与舆论传播使消费者认同某种概念、观点和分析思路，从而达到企业品牌宣传、产品销售的目的。要想传播得快，有以下几种方式来帮助打造一篇爆款文章。

那么具体的新媒体内容营销方式有哪些呢？

1. 病毒营销

病毒营销是一种常用的网络营销方法，常用于进行网站推广、品牌推广等。通过提供有价值的产品或服务，"让大家告诉大家"，通过别人为你宣传，实现"营销杠杆"的作用。病毒式营销已经成为网络营销最为独特的手段，被越来越多的商家和网站成功利用。

2. 事件营销

事件营销是指企业通过策划、组织和利用具有新闻价值、社会影响以及名人效应的人物或事件，吸引媒体、社会团体和消费者的兴趣与关注，以求提高企业或产品的知名度、美誉度，树立良好品牌形象，并最终促成产品或服务的销售的手段和方式。由于这种营销方式具有受众面广、突发性强，在短时间内能使信息达到最大、最优传播的效果，为企业节约大量的宣传成本等特点，近年来越来越成为国内外流行的一种公关传播与市场推广手段。

3. 口碑营销

口碑营销是指企业在品牌建立过程中，通过客户之间的相互交流将自己的产品信息或者品牌传播开来。

4. 知识营销

知识营销指的是向大众传播新的科学技术以及它们对人们生活的影响，通过科普宣传，让消费者不仅知其然，而且知其所以然，重新建立新的产品概念，进而使消费者萌发对新产品的需要，达到拓宽市场的目的。随着知识经济时代的到来，知识成为发展经济的资本，知识的积累和创新，成为促进经济增长的主要动力源。因此，作为一个企业，在搞科研开发的同时，就要想到知识的推广，使一项新产品研制成功的市场风险降到最低，而要做到这一点，就必须运作知识营销。

5. 情感营销

情感营销就是把消费者个人情感差异和需求作为企业品牌营销战略的情感营销核心，通过借助情感包装、情感促销、情感广告、情感口碑、情感设计等策略来实现企业的经营目标。

第7章 新媒体图文、图片和
　　　视频编辑

观看视频

随着互联网的不断发展，人们对于信息的获取方式也发生了极大的变化。由于信息爆炸，用户的留存时间也越来越短，因此在新媒体领域中如何快速增加关注度成为一个热门话题。近年来，新媒体图文、图片和视频编辑受到了各大新媒体平台的关注。新媒体图文、图片和视频编辑将文字、图片等多种形式的媒体内容转换为视觉和声音结合的视频。这种技术可以极大地提升新媒体转化率和传播效果。

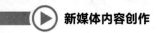

7.1 新媒体图文排版规范

精美的图文排版可以美化页面，使读者更轻松、愉悦地浏览页面，获取信息，提升阅读体验，从而延长其阅读的时间，增加页面的点击率。排版要为内容服务，如果排版处理得不好，甚至内容根本没有经过排版处理，冗长的文字会给读者带来很大的信息获取压力。

7.1.1 新媒体图文排版的作用

新媒体图文排版主要有以下三个作用。

1.打造极致的阅读体验

精美的排版可以使文章变得条理清晰，使读者享受到愉快的视觉感受和审美体验。合理运用排版技巧，可以让文章段落结构层次分明，呈现出很强的逻辑性，让读者快速找到重点，从而更好地理解内容。

2.塑造品牌

不管是个人品牌还是企业品牌，在新媒体平台上推送文章其实也是品牌形象的输出。除了文章内容以外，排版样式也体现着品牌和理念。排版设计出来的视觉效果影响着读者对品牌的认识，因此，新媒体创作者最好固定使用某种有特色的排版风格和方式，逐渐巩固自己的品牌优势。

3.加强读者的心理暗示

俗话说"人靠衣装马靠鞍"，精美的排版就像文章的"衣服"。如果排版不美观，混乱无序，会给读者造成一种不靠谱的感觉，让其在视觉上感到不舒服，自然就会心生厌恶，很容易导致其取消关注。优秀的新媒体品牌不仅在内容上质量过硬，精美的排版也会给读者带来正面的心理暗示，使其在心理上为新媒体品牌加分。

7.1.2 新媒体图文排版的原则

"没有人有义务透过你邋遢的外表去发现你优秀的内在。"在新媒体写作中也是如此，如果图文的设计非常糟糕，内容再好也不会获得太多的关注。因此，懂一些基本的图文设计原则并加以合理运用，可以增强文章的可读性和美观度，吸引更多的人阅读。

美国著名设计师罗宾·威廉姆斯在其著作《写给大家看的设计书》中总结了设计的四个基本原则——亲密性、对齐、重复和对比，这四个原则同样适用于新媒体图文排版。

1.亲密性

亲密性是指彼此相关的内容应该相互靠近，归组在一起，成为一个视觉单元，而非多个孤立元素。亲密性有助于组织信息，减少内容混乱，为读者呈现出清晰的结构。

例如，标题和正文是各自独立的两个板块，正文各段落之间的亲密度要高于正文与标题之间的亲密度。因此，标题与正文之间要有很明显的区隔，如空行（见图 7-1）、插入头图或者分隔符（引导关注，见图7-2）等。

图 7-1　空行　　　　　　　　　图 7-2　插入头图

　　传统排版一般通过首行缩进两个字符来区分各段，但这一方法在新媒体领域不符合亲密性原则，因为段间距与行间距一样，无法有效地凸显段落的层次。目前，在新媒体平台上主要通过在段落之间空出一行的方式来增加段间距，突出各部分的亲密性，如图7-3所示。

图 7-3　段落之间空一行

假如段落之间有标题，标题与上下段的间距就应该有差别。标题与下一段是一个整体，所以与下一段的间距应该比较小，与上一段的间距比较大（见图7-4），而且图片与其注释应该靠得更近一些，如图7-5所示。

图 7-4　拉大标题与上一段的间距　　　　图 7-5　图片与注释应靠近

除此之外，很多新媒体文案的结尾会放一些其他内容，如二维码、作者信息、活动介绍等，一定要注意分区，以免让读者看得眼花缭乱。

2. 对齐

对齐主要包括居中对齐、左对齐、右对齐、两端对齐四种方式，在新媒体写作中，文案人员用得较多的是居中对齐、左对齐和两端对齐。

对于读者来说，居中对齐最有利于阅读，读者的视线可以集中于屏幕最中间，不用大幅度左右移动，从而减少视线转移的时间。不过，这种对齐方式适合内容较少、短句较多的文章，如图7-6所示。如果文章内容很多，可使用左对齐方式，如图7-7所示。两端对齐与左对齐很相似，但两端对齐的文字边缘更齐整，视觉效果更好，所以文章内容较多时一般采用两端对齐，如图7-8所示。

8人八天3700公里

行车路线：喀什—塔什库尔干—库车—独山子—吐鲁番—大海道—乌鲁木齐

打卡：喀什老城，白沙山，喀拉库勒湖，帕米尔高原，石头城

红其拉甫口岸，慕士塔格峰，托木尔大峡谷，独库公路

安集海大峡谷，葡萄沟，火焰山，万佛宫，哈密大海道

库木塔格沙漠，坎儿井，新疆国际大巴扎。

海拔：800m～4733m

天山南北，千里沃土
历时千年，东归华夏
古称西域
阿勒泰山、天山、昆仑山
准噶尔盆地和塔里木盆地
总面积163万平方公里
占中国国土面积六分之一
地处亚欧大陆腹地
陆地边境线5600公里
周边与俄罗斯、哈萨克斯坦等8国接壤
是古丝绸之路的重要通道
最高点乔戈里峰8611米
最低点吐鲁番艾丁湖低于海平面155米

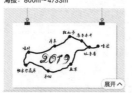

展开∧

图 7-6　居中对齐　　　　图 7-7　左对齐

关于独库公路：被《中国国家地理》评选为"纵贯天山脊梁的景观大道"，从独山子到库车，纵贯天山南北，全长561公里，有三分之一是悬崖绝壁，五分之一的地段处于高山永冻层，跨越了天山近十条主要河流，翻越终年积雪的四个冰达坂，由于地形特殊，急弯陡坡较多，有280多公里的路段在海拔2000米以上，168名英雄筑路官兵长眠于此。受天山山区冬季降雪、结冰等自然因素影响，一年仅开放五个月，其驾驶难度可想而知。如果从库车出发走独库公路，你将经历从火焰到海水。

关于大海道：大海道是古代敦煌-哈密-吐鲁番之间最近的一条道路。是已知的14条古丝绸之路中最隐秘的一条，启用于汉代时，但由于地理环境实在太恶劣和凶险。

所以在唐代以后对它的利用就趋于停止了，大海道地属嘎顺戈壁核心区域，是世界上大陆性气候最强烈的地区之一，地下水和地表水都很缺乏，到处呈现着干旱荒漠景观。而大海道则是这一片荒漠中的一个雅丹风，拥有中国最雄壮的雅丹 展开 ∧

图 7-8　两端对齐

新媒体创作者最好采用同一种对齐方式，以免版式设计混乱，影响阅读体验。实在不行，至少也要保证在同一内容板块中使用同一种对齐方式。

3. 重复

重复意味着统一，它是保持风格统一的重要准则。重复的范围包括字体、字号、颜色、风格等。例如，微信公众号"插座学院"发布的大多数文章，其标题格式、字体、字号、颜色都是一致的，如图7-9所示。如果不确定统一的风格，字体、字号、颜色等各不相同，就会影响新媒体品牌的传播。

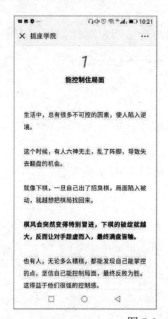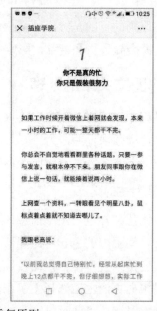

图 7-9　重复原则

4.对比

新媒体创作者在设计图文排版时如果遵循亲密性、对齐和重复原则，版面就会变得层次清晰、干净利落，但也很容易让人感觉枯燥乏味。为了解决这个问题，创作者在图文排版时还要遵循对比原则。对比原则的作用就是突出重点，增强视觉效果，使平淡的风格更加新颖，增加文章的可读性。对比主要包括将需要强调的部分加粗、放大、修改颜色、增加背景色、加删除线或下画线，倾斜文字，加一些特殊符号，或者对文字进行艺术化处理等。这些方式都可以使被强调的内容快速突显出来，如图 7-10 所示。

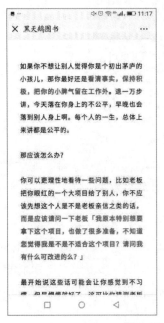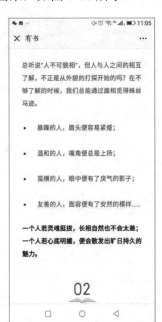

图 7-10　对比原则

因为采用对比原则的目的是突出被强调的内容，所以对比的程度一定要明显，假如两个元素过于接近，就会导致页面混乱，影响阅读体验。

7.1.3　新媒体图文关系的处理

在图文排版过程中，新媒体创作者可以通过各种手段来协调图片与文字的关系，从而更有效地传递信息，增强视觉冲击力。

在处理图片与文字的关系时，创作者可以从以下几方面着手。

1.增强文字与图片的对比

合理地运用对比色和补色，图文信息的可读性会增强很多，画面会更富有立体感和空间感。图片与文字之间强烈的色彩对比能够使受众的视觉感知力更强，所以在进行图文设计时，新媒体创作者可以合理配色，比较经典的配色有黄与蓝、青与红、黑与白等冷暖色调的对比，还可以根据页面主题选择主色调，然后通过小范围的色彩搭配进行装饰，使页面呈现出强烈的视觉对比，迅速吸引受众的注意力，如图 7-11 所示。

图 7-11　用色彩强化文字与图片的对比

在图文排版中，文字不仅是传递信息的载体，也是设计中的关键要素。因此，除了用色彩突出文字与图片的对比以外，巧妙地设计文字也可以形成强烈的对比。例如，选择字体时，可以选择与背景图片对比鲜明的字体，以体现出视觉落差感；假如图片背景比较单一，可以选择设计感较强的文字；假如图片背景比较突出，可以选择简约型字体，如图 7-12 所示。

图 7-12　用字体形成对比

2.虚化背景

通常情况下，高清的页面背景图片可以吸引受众的注意力。不过，如果背景图片过于复杂，也会影响页面中的其他设计元素，尤其是文字，导致受众很难看清文字。为了产生更好的视觉效果，创作者可以根据图片的复杂程度设置局部模糊效果，虚化背景，这样能够改变图片的视觉焦点，让视觉主体的形象更加突出。如果将文字放入虚化的背景中，可以使文字脱离于杂乱的背景，增强文字的易读性，使视觉主体形象和文字在整个页面中达到视觉平衡，如图 7-13 所示。

图 7-13　虚化背景

3. 图文叠加

图文叠加可以使图片和文字成为一个整体，有效地增加页面的吸引力。图文交错式搭配能让图片与文字产生强烈的互动感，使页面整体呈现出一定的空间感，如图 7-14 所示。这时，文字不再只充当文案的角色，也是一种页面装饰元素，起到美化页面的作用。

图 7-14　图文叠加

4. 标签式设计

标签式设计是指将少量的文字整合起来，放在矩形框内，或者在文本之上放一个色块，形成标签的形式，以吸引受众的注意力，如图 7-15 所示。标签的面积要根据画面美观度、文字数量、背景图案与版面的平衡等多重因素综合考量。

图 7-15　标签式设计

7.1.4　常用的新媒体图文排版工具

精美的图文排版不仅可以为受众提供良好的阅读体验，还可以提高新媒体作品的格调。因此，新媒体创作者需要掌握一些常用的图文排版工具，以提升工作效率。目前，常用的新媒体图文排版工具有 i 排版、壹伴、秀米、新媒体管家和 135 编辑器等。

1. i 排版

i 排版的操作界面比较简洁，内含很多原创素材，功能丰富，包括全文编辑、即时预览、特色样式、模板样式、一键配图和全局背景等，如图 7-16 所示。

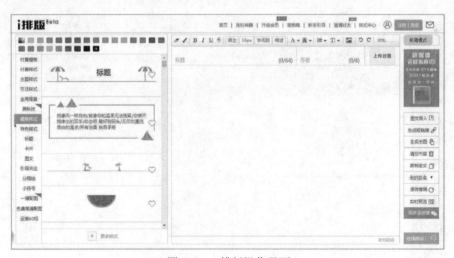

图 7-16　i 排版操作界面

2. 壹伴

壹伴是一款能够增强公众号编辑器功能，并显著提高排版效率的浏览器插件，是公众号管理的得力助手。安装此插件后，用户可以高效地完成微信排版、多公众号管理、定时群发、一键图文转载、GIF 动图一键上传、公众号数据分析、公众号运营等工作。如图 7-17 所示为壹伴在微信公众平台后台的界面。

图 7-17　壹伴在微信公众平台后台的界面

3. 秀米

秀米是一款专业的新媒体编辑工具，可以为微信公众号、头条号、微博等多个平台提供图文排版服务，内含多种风格的排版模板，用户也可以自行创建新的图文版式。另外，秀米还可以生成长图与贴纸图文，并把编辑好的图文设置为样刊。如图 7-18 所示为秀米排版界面。

图 7-18　秀米排版界面

4. 新媒体管家

新媒体管家是一款辅助管理多家新媒体平台账号的插件，支持微信公众平台、头条号、微博、百家号、知乎、大鱼号、企鹅媒体平台、一点资讯、搜狐开放平台、网易媒体平台、简书等多家新媒体平台，还支持多个账号一键登录。另外，新媒体管家还针对微信公众平台进行了十几项功能优化，能够让用户直接在微信公众平台后台完成文章的编辑、找图、修图和排版等操作。如图 7-19 所示为新媒体管家排版界面。

图 7-19　新媒体管家排版界面

5. 135 编辑器

135 编辑器是一款在线图文排版工具，不用下载安装软件或插件，可以即时处理图文内容。它具有十分丰富的排版样式、模板素材、图片素材，为用户提供了一键排版、秒刷、云端草稿、全文配色、企业定制等实用功能。

7.2　新媒体图片编辑

在新媒体文案中，精彩的配图不仅能够起到美化文章的作用，还能帮助受众更好地理解文章的内容，有助于新媒体账号形成品牌风格，打造品牌形象。下面将介绍新媒体图片编辑方面的知识。

7.2.1　新媒体图片的使用原则

下面将介绍几个在新媒体文案中使用图片的基本原则，以最大限度地发挥图片的用途。

1. 保证图片的清晰度

为文案添加配图，不仅是为了美化文案版式，更重要的是为了增强文案的吸引力，所以一定要选择清晰度高的图片，避免使用带有马赛克、水印的图片，这样才能更好地吸引读者阅读文案，给其带来良好的阅读体验。

2.图片要与文案主题相符

文案中的配图一定要有其存在的意义，也就是说，图片一定要与文字内容有关联。若图片与文字内容毫无关系，很容易让读者在阅读时产生误解，产生不好的阅读体验。此外，还需要注意图片是为文案内容服务的，能够通过文字表达清楚的内容就没有必要再为其搭配过多的图片，否则可能会让读者产生阅读上的负担。

3.注意图片的数量

在一篇文案中使用的图片既不能太少，也不能太多，因为配图太少可能无法充分发挥图片的作用，而配图太多则容易导致出现页面加长、加载速度慢等现象，会给移动端用户造成页面总是滑不到底的错觉，容易导致跳出率的增加。一般来说，一篇文案配 3 ～ 5 幅图为宜，这样既能达到美化文案的目的，又不会导致页面过长而引起读者视觉疲劳。

4.图片尺寸、色调要统一

在同一篇文案或同一个版面中，图片的尺寸和色调要统一，尽量使用同一系列或同一色系的图片，或者内在有一定相关性的图片，这样可以使文案显得更有格调。

5.对图片进行适当美化

为了让图片更具特色和吸引力，可以对图片进行适当的编辑和美化。目前，使用较多的图片编辑工具软件有 Photoshop、美图秀秀、光影魔术手等。Photoshop 的功能强大，也很专业，需要使用者具备一定的操作基础；而美图秀秀和光影魔术手操作起来比较容易，比较适合零基础的用户使用。

7.2.2　使用美图秀秀处理图片

美图秀秀是一款面向大众的多功能型图片处理软件，它可以帮助用户通过美图、拼图、边框、饰品等美化手段轻松地制作出专业级水准的图片效果。美图秀秀包括计算机版、网页版和手机版，图 7-20 为美图秀秀网页版，图 7-21 为手机端的美图秀秀 App。下面以美图秀秀网页版为例，介绍使用美图秀秀处理图片的常用方法。

图 7-20　美图秀秀网页版

图 7-21　手机端的美图秀秀 App

1. 图片基础编辑

下面使用美图秀秀对图片进行基础编辑，如图片色彩调整、旋转与裁剪图片，以及图片特效应用，具体操作方法如下。

美图秀秀软件具有多个功能，能够使图片产生绝妙的效果，其中美化是最简单实用的功能之一，图片的美化操作具体步骤如下。

（1）启动软件。通过迅雷下载并安装美图秀秀后，在桌面上双击"美图秀秀"快捷方式，如图 7-22 所示。

图 7-22　启动软件

（2）美化图片。打开美图秀秀软件。在弹出的窗口中单击"美化图片"按钮，如图 7-23 所示。

图 7-23　美化图片

（3）打开一张图片。此时软件自动切换至"美化"选项卡。单击"打开一张图片"按钮，如图 7-24 所示。

图 7-24　打开图片

（4）选择要打开的图片。弹出"打开图片"对话框，选择要美化的图片。单击"打开"按钮，如图 7-25 所示。

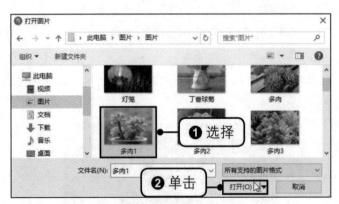

图 7-25　选择图片

（5）放大图片。随后可看到选择的图片显示在软件的图片区域中。由于图片的显示效果不明显，可连续单击窗口中的"放大"按钮，如图 7-26 所示。

（6）选择特效。此时可以看到图片区域中的图片放大显示了，在窗口右侧的"特效"面板下单击"热门"选项组下的"云端"特效，如图 7-27 所示。

图 7-26 放大图片

图 7-27 选择特效

（7）撤销设置的特效。可看到应用"云端"特效后的效果。若对此特效不满意，可单击"撤销"按钮，如图 7-28 所示。

图 7-28 撤销特效

（8）应用其他特效。撤销后图片返回原始效果。在"特效"面板下单击"时尚"下的"飞雪"特效，如图 7-29 所示。

图 7-29 应用其他特效

（9）确定应用该特效。此时可看到应用"飞雪"特效后的图片效果。如果确定应用该特效，则在"飞雪"特效下出现的提示框中单击"确定"按钮，如图 7-30 所示。

图 7-30　飞雪特效

（10）裁剪图片。完成特效的设置后，如果想要裁剪图片，可单击窗口中的"裁剪"按钮，如图 7-31 所示，打开"裁剪"窗口。

图 7-31　裁剪图片

（11）设置裁剪区域。裁剪框内为要保留的区域。将鼠标放置在裁剪框的右下角，当鼠标指针变形时，按住鼠标左键向下拖动，如图 7-32 所示。

（12）完成裁剪。应用相同的方法调整裁剪框，完成后单击窗口中的"完成裁剪"按钮，如图 7-33 所示。

图 7-32　设置裁剪区域

图 7-33　完成裁剪

（13）对比图片。返回美图秀秀的图片设置窗口，可看到裁剪后的图片效果，单击窗口中的"对比"按钮，如图 7-34 所示。

图 7-34　对比图片

（14）显示对比效果。此时可看到美化前和美化后的图片对比效果，如图 7-35 所示。

图 7-35　显示对比效果

（15）保存美化后的图片。对比后，如果对此图片的美化效果感到满意，可单击窗口右上角的"保存与分享"按钮，如图 7-36 所示。

图 7-36　保存与分享

（16）更改图片的保存位置。弹出"保存与分享"对话框，如果对图片的默认保存位置不满意，可单击"更改"按钮，如图 7-37 所示。

图 7-37　更改保存位置

（17）设置保存位置。弹出"浏览计算机"对话框，设置好图片的保存位置。单击"确定"按钮，如图 7-38 所示。

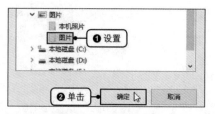

图 7-38　保存位置

（18）完成保存设置返回"保存与分享"对话框，可看到更改后的保存位置。输入美化后的图片名"美化的多肉"。单击"保存"按钮，如图 7-39 所示。

图 7-39　保存与分享

（19）保存成功。弹出"保存与分享"对话框，提示成功保存图片，如图 7-40 所示。

图 7-40　保存成功

2. 使用美图秀秀为图片添加文字

虽然通过美图秀秀软件中的美化功能可以直接美化图片，但是要想让图片更加生动，还可以在图片上添加有艺术感的文字，具体的操作方法如下。

（1）打开新图片继续上面的操作，完成一张图片的美化和保存后，在弹出的对话框中单击"打开新图片"按钮，如图 7-41 所示。

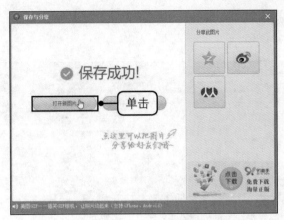

图 7-41　打开新图片

（2）选择新的图片。弹出"打开一张图片"对话框，选择要打开的新图片。单击"打开"按钮，如图 7-42 所示。

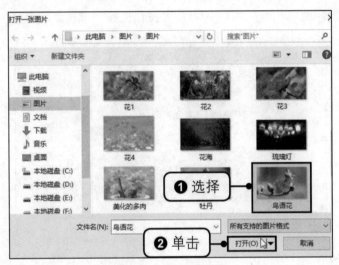

图 7-42　选择新图片

（3）确定打开新图片。当图片偏大时，会弹出提示框，提示用户是否将图片缩小到最佳尺寸，单击"是（推荐）"按钮，如图 7-43 所示。

（4）选择图片的美化方式。随后在美图秀秀软件窗口中将显示打开的图片。打开"文字"选项卡，如图 7-44 所示。

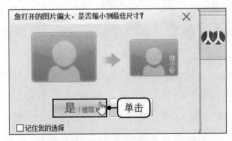

图 7-43　图片缩小到最佳尺寸

图 7-44　选择美化方式

147

（5）选择文字效果。在窗口的右侧面板下单击"已下载"标签。在多种素材中选择合适的文字素材，如图 7-45 所示。

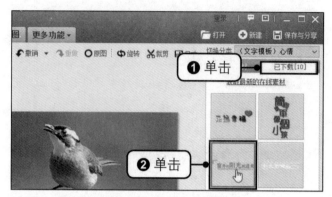

图 7-45　选择文字效果

（6）移动文字。随后可看到图片上添加了一个文字框及一个素材编辑框，将鼠标放置在文字框上，当指针变形，如图 7-46 所示，可按住鼠标左键拖动文字框。

图 7-46　拖动文字

（7）显示移动效果。拖动至合适的位置后释放鼠标即可，如图 7-47 所示。

图 7-47　文字效果

（8）删除文字框。如果对添加的文字不满意，可右击文字框。在弹出的快捷菜单中单击"删除"命令，如图 7-48 所示。

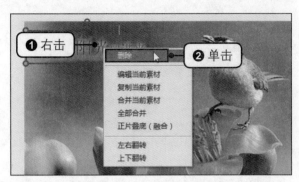

图 7-48　删除文字框

（9）输入文字。除了可以使用模板素材，还可以自行设置文字内容。单击"输入文字"按钮，如图 7-49 所示。

（10）设置文字字体。可看到图片上出现的文字框，在"文字编辑框"对话框中输入文字"鸟语花香"。单击"字体"右侧的下拉按钮，在展开的列表中选择合适的字体，如图 7-50 所示。

图 7-49　输入文字

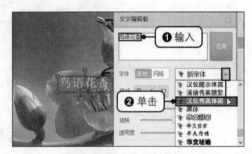

图 7-50　设置文字字体

（11）设置字号。拖动"字号"右侧的滑块，可改变图片上文字的大小，如图 7-51 所示。

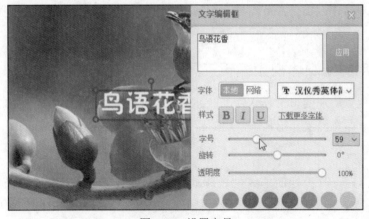

图 7-51　设置字号

（12）排版文字。单击"高级设置"按钮，单击"排版"后的"竖排"按钮。勾选"阴影"复选框，如图 7-52 所示。

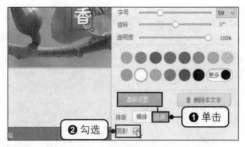

图 7-52　排版文字

（13）显示设置效果。设置完成后，移动文字框至合适的位置，即可得到如图 7-53 所示的效果。随后将图片保存即可。

图 7-53　显示效果

7.3　新媒体视频编辑

视频是一种影音结合体，能够给人带来更为直观的感受，具有感染力强、形式多样、创意新颖、互动性强、传播速度快等优势。在新媒体平台上，以视听结合的视频形式进行信息传播，更容易让人接受。下面将介绍如何对应用到新媒体平台上的视频文件进行编辑操作。

7.3.1　常用的新媒体视频编辑工具软件

借助各类视频后期编辑工具软件，能够轻松实现视频的合并与剪辑、添加音频、添加特效等操作。下面将简要介绍几款常用的新媒体视频编辑工具软件。

1. Premiere

Premiere 作为一款流行的非线性视频编辑处理软件，能够完成视频采集、剪辑、调色、音频编辑、字幕添加、输出等一系列工作，在影视后期、广告制作、电视节目制作等领域有着广泛的应用，同样在新媒体视频编辑与制作领域也是非常重要的工具软件。Premiere 功能强大、操作灵活，易学且高效，可以充分发挥使用者的创作能力和创作自由度。

2. Canopus Edius

Canopus Edius 是一款功能强大的非线性编辑软件，是专为广播和后期制作环境而设计的工具软件，尤其适用于新闻记者、无带化视频制播和存储。Canopus Edius 拥有完善的基于文件的工作流程，提供了实时、多轨道、多格式混编、合成、色键、字幕和时间线输出等功能。

3. Arctime Pro

Arctime Pro 是一款非常专业的字幕制作工具，拥有多项业内领先的创新技术，如字幕块绑定、自动分轴、时间轴批量平移缩放等，能够轻松地制作字幕和特效，大大提高用户的工作效率。

Arctime Pro 支持 SRT、ASS 外挂字幕格式，并可以通过交换工程文件或与其他软件协同工作，更快速地完成字幕制作工作。它还支持字幕搜索功能，直接导入字幕文件到素材中进行编辑加工。通过内置的音频波形图，用户可以快速创建和编辑时间轴，还能高效地进行文本编辑与翻译。

4. Avidemux

Avidemux 是一款多功能的视频编辑器，其界面友好、操作简单，可以进行视频剪切、编码及过滤等操作，支持广泛的文件格式，并能将声音从文件中分解出来并独立保存为音频文件，而且支持强大的队列任务处理和脚本功能。

5. 爱剪辑

爱剪辑是一款全能型视频剪辑软件，其创新的人性化界面是根据国人的使用习惯、功能需求与审美特点进行设计的，许多功能都颇具独创性。它功能强大，拥有合并视频，为视频加字幕、调色、加相框、去水印等各种编辑功能，还具有很多创新功能和影院级特效。爱剪辑支持多种视频格式，操作起来非常简便，而且功能多样化，可以满足大多数用户的视频编辑需求。

6. 会声会影

会声会影是一款专业、流行的视频剪辑和制作软件，其功能强大，具有编辑视频时所需的视频提取、视频剪辑、添加字幕、添加特效等功能，还提供了许多专业的模板、实时特效、字幕和转场效果，支持导出多种常见的视频格式。随着其版本的不断升级与功能的不断改进，又新增了分屏、轨道透明度和镜头平移等功能，让用户剪辑视频的过程更为流畅，快速制作出优秀的视频作品。

7. Final Cut Pro

Final Cut Pro 是 macOS 平台上优质的视频剪辑软件，Final Cut Pro 为原生 64 位软件，基于 Cocoa 编写，支持多路多核心处理器，支持 GPU 加速，支持后台渲染，可编辑从标清到 4K 的各种分辨率视频。ColorSync 管理的色彩流水线可以保证全片色彩的一致性。

7.3.2　使用Premiere编辑新媒体视频

下面以 Premiere 软件为例，通过实例介绍使用 Premiere 编辑新媒体视频的方法。

1. 视频素材的导入

在导入视频素材之前，需要先创建项目文件。安装 Premiere Pro CS6 软件后，双击桌面上的软件图标，进入欢迎界面，如图 7-54 所示。单击"新建项目"按钮，打开"新建项目"对话框，如图 7-55 所示，选择项目保存的位置并对项目进行命名，然后单击"确定"按钮。

图 7-54　欢迎界面　　　　　　　　　　　　图 7-55　新建项目

打开"新建序列"对话框，对序列进行设置，如图 7-56 所示，进入操作界面。

图 7-56　新建序列

　　素材的导入主要是指将已经存储在计算机硬盘中的素材导入到"项目"窗口中，该窗口相当于一个素材仓库，编辑视频时所用的素材都放在其中，具体的操作步骤如下。

　　（1）新建项目文件，选择"文件"|"导入"命令，如图 7-57 所示，打开"导入"对话框。

　　（2）在打开的对话框中选择素材文件，单击"打开"按钮，如图 7-58 所示，将素材导入"项目"窗口中。

图 7-57　选择"导入"命令

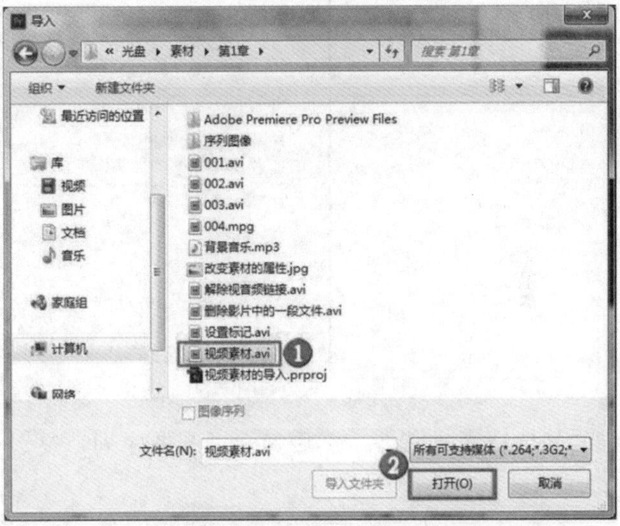

图 7-58　导入素材

2. 序列图像的导入

　　序列图像是文件名称按数字序列排列的一系列单个文件，一般由动画制作软件产生。在 Premiere 中可将图像序列文件作为一个素材导入。本实例的最终效果如图 7-59 所示。

图 7-59　序列图像的导入效果

　　操作步骤如下。

　　（1）新建项目文件，选择"文件"|"导入"命令，如图 7-60 所示，打开"导入"对话框。

图 7-60　选择"导入"命令

（2）选择素材文件，然后勾选"图像序列"复选框，单击"打开"按钮，如图 7-61
所示。

（3）将素材文件导入后的效果如图 7-62 所示。

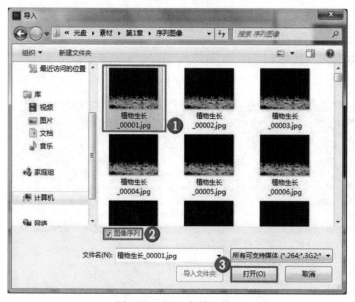

图 7-61　导入素材文件

图 7-62　导入素材

（4）选中素材文件夹，将其拖至"时间线"窗口"视频 1"轨道中，如图 7-63 所示。

图 7-63　将素材拖动至"时间线"窗口中

（5）在"节目监视器"窗口中单击"播放"按钮，可以观看素材的效果，如图 7-64 所示。

图 7-64　在节目窗口中播放素材

3. 源素材的插入与覆盖

下面通过实例介绍源素材的插入与覆盖。本实例的最终效果如图 7-65 所示。

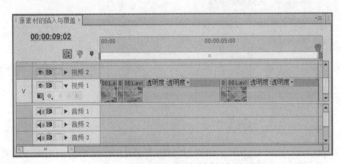

图 7-65　插入源素材的效果

下面将源素材插入已经编辑好的"时间线"窗口中，具体的操作步骤如下。

（1）新建项目文件，将素材文件导入"项目"窗口中。

（2）在"项目"窗口中双击素材，在"源监视器"窗口中即可打开素材，如图 7-66 所示。

图 7-66　在源素材监视器窗口中打开素材

（3）在"源监视器"窗口中，设置当前时间为 00：00：00：02，单击"标记入点"按钮，添加一处入点，如图 7-67 所示。

（4）将当前时间设为 00：00：00：08，单击"标记出点"按钮，添加出点，如图 7-68 所示。

（5）将素材拖至"时间线"窗口"视频 1"轨道中，设置当前时间为 00：00：05：00，如图 7-69 所示。

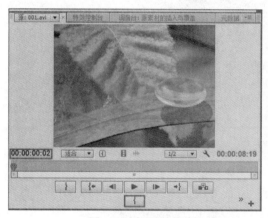

图 7-67　标记入点

图 7-68　标记出点

图 7-69　设置时间

（6）激活"源监视器"窗口，单击"插入"按钮，将入点与出点之间的视频片段插入"时间线"窗口中，如图7-70所示。此时在"时间线"窗口中可以看到插入的源素材效果，如图7-71所示。

图7-70 插入视频片段

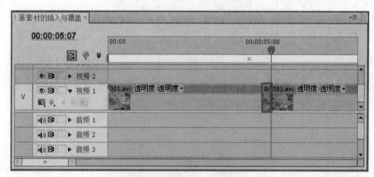

图7-71 插入后的效果

使用"覆盖"按钮，在"时间线"窗口中将原来的素材覆盖，具体的操作步骤如下。

（1）激活"源监视器"窗口，设置当前时间为00：00：00：06，单击"标记入点"按钮，标记入点，如图7-72所示。

（2）设置当前时间为00：00：00：11，单击"标记出点"按钮，标记出点，如图7-73所示。

图7-72 标记入点

图7-73 标记出点

（3）设置"时间线"窗口中当前时间为00：00：00：11，在"源监视器"窗口中单击"覆盖"按钮，如图7-74所示，将入点与出点之间的片段覆盖到"时间线"窗口中。

图7-74 单击"覆盖"按钮

（4）此时插入、覆盖的操作已经完成。

4.删除影片中的片段

本例将对视频文件进行裁剪，然后按Delete键将不需要的一段视频删除。

（1）新建项目文件，将素材文件导入"项目"窗口中，如图7-75所示。

图7-75 导入素材

（2）在"项目"窗口中选中素材文件，将其拖至"时间线"窗口中，如图7-76所示。

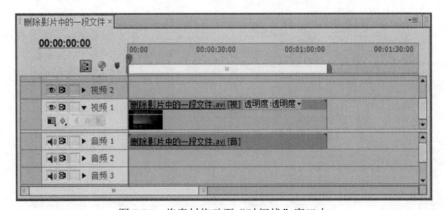

图7-76 将素材拖动至"时间线"窗口中

（3）在"工具"面板中选择"剃刀工具"，在"时间线"窗口选中需要裁剪的区域，如图 7-77 所示。

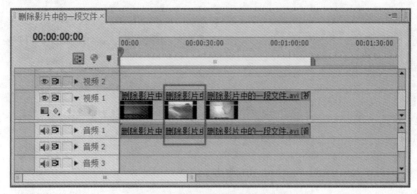

图 7-77　选中需要删除的区域

（4）按 Delete 键，直接删除即可，如图 7-78 所示。

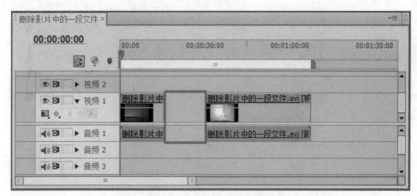

图 7-78　删除片段实例

5.设置关键帧

将素材拖至"时间线"窗口中，选中素材，此时激活"特效控制台"面板，可以在该面板中看到相应的设置，通过"切换动画"按钮打开动画关键帧的记录，再对每个时间段设置动画参数，这样即可形成动态效果。操作步骤如下。

（1）新建项目，导入素材文件，如图 7-79 所示。

图 7-79　导入素材

（2）将导入的视频文件拖至"时间线"窗口"视频 1"轨道中，如图 7-80 所示。

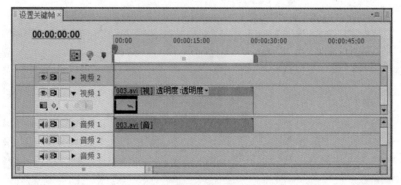

图 7-80　拖入素材

（3）选中拖入的素材，切换到"特效控制台"面板，展开"透明度"选项，如图 7-81 所示。

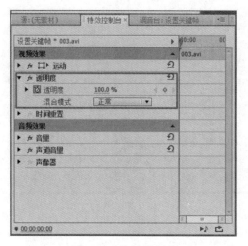

图 7-81　特效控制台

（4）在"时间线"窗口中设置当前时间为 00：00：01：12 时，如图 7-82 所示，在"特效控制台"面板中添加"透明度"关键帧，如图 7-83 所示。

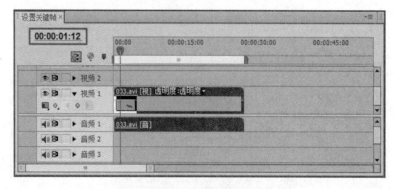

图 7-82　设置时间

（5）在"时间线"窗口中设置当前时间为00：00：05：10，在"特效控制台"面板中将"透明度"设为20%，添加"透明度"关键帧，如图7-84所示。此时，关键帧即设置完成。

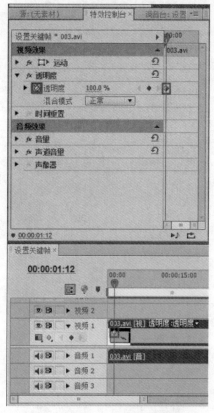
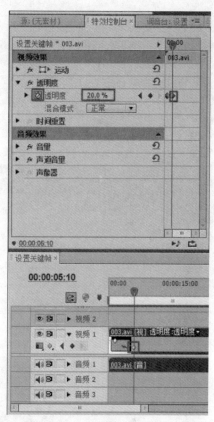

图 7-83　添加"透明度"关键帧　　　　　图 7-84　添加"透明度"为20%的关键帧

6. 影片输出

视频制作完成后，需要输出欣赏，在输出的过程中要对一些选项进行调整，操作步骤如下。

（1）打开已经制作完成的场景，选择"文件"|"导出"|"媒体"命令，在弹出的"导出设置"对话框中的"导出设置"区域中设置"格式"，在"输出名称"选项中设置输出的路径及名称，然后在"视频编解码器"区域中设置"视频编解码器"，在"基本视频设置"区域中设置"品质""场类型"，设置完成后单击"导出"按钮，如图7-85所示。

（2）弹出"编码 影片输出"对话框，显示影片输出的进度，如图7-86所示，即可开始输出。

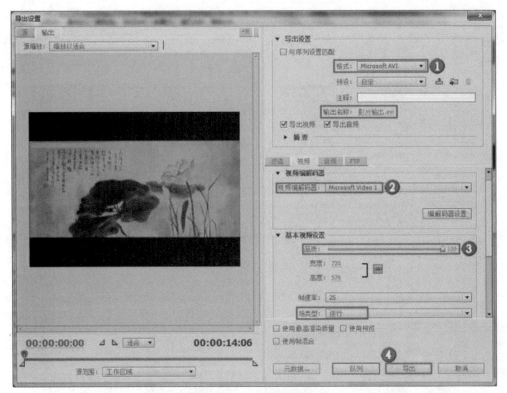

图 7-85　调整输出参数

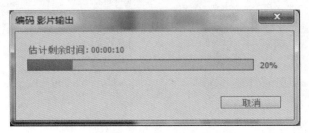

图 7-86　输出视频

图 书 资 源 支 持

❖❖❖

感谢您一直以来对清华版图书的支持和爱护。为了配合本书的使用,本书提供配套的资源,有需求的读者请扫描下方的"书圈"微信公众号二维码,在图书专区下载,也可以拨打电话或发送电子邮件咨询。

如果您在使用本书的过程中遇到了什么问题,或者有相关图书出版计划,也请您发邮件告诉我们,以便我们更好地为您服务。

❖❖❖

我们的联系方式:

清华大学出版社计算机与信息分社网站: https://www.shuimushuhui.com/

地　　址:北京市海淀区双清路学研大厦 A 座 714

邮　　编:100084

电　　话:010-83470236　　010-83470237

客服邮箱:2301891038@qq.com

QQ:2301891038(请写明您的单位和姓名)

- -

资源下载: 关注公众号"书圈"下载配套资源。

资源下载、样书申请　　　　图书案例

书 圈

清华计算机学堂

观看课程直播